Hartmann / Krannich (Hrsg.) · Muslime im säkularen Rechtsstaat

Thomas Hartmann / Margret Krannich (Hrsg.)

Muslime im säkularen Rechtsstaat

Neue Akteure in Kultur und Politik

Eine Dokumentation von Beiträgen einer Veranstaltungsreihe, die zwischen November 1999 und Mai 2000 in Berlin, Frankfurt am Main, Hannover und München von der Heinrich-Böll-Stiftung und vier ihrer Landesstiftungen, dem Bildungswerk Berlin der Heinrich-Böll-Stiftung, der Hessischen Gesellschaft für Demokratie und Ökologie (HGDÖ), Frankfurt am Main, der Petra-Kelly-Stiftung, München, und der Stiftung Leben und Umwelt, Hannover, durchgeführt wurde.

An dieser Veranstaltungsreihe beteiligten sich folgende Kooperationspartner:
Katholische Akademie, Berlin
Bezirksamt Kreuzberg von Berlin, Abteilung Jugend, Kultur, Soziales
Amt für Multikulturelle Angelegenheiten der Stadt Frankfurt am Main
Hessische Stiftung Friedens- und Konfliktforschung (HSFK), Frankfurt am Main

Mit Beiträgen zur Diskussion in Großbritannien, Frankreich, den Niederlanden und Deutschland von:

Heiner Bielefeldt, Sabiha El-Zayat, Navid Kermani, Helma Lutz, Arzu Merali, Tariq Modood, Tariq Ramadan, Birgit Rommelspacher, Reinhard Schulze u.a.

Die Deutsche Bibliothek - CIP-Einheitsaufnahme

Muslime im säkularen Rechtsstaat /
Thomas Hartmann; Margret Krannich (Hrsg.).
Mit Beitr. von Heiner Bielefeldt.... - 1. Aufl. - Berlin:
Verlag Das Arabische Buch, 2001
ISBN 3-86093-311-6
HGDÖ, 2001
ISBN 3-930832-09-7

Thomas Hartmann/ Margret Krannich (HRSG.)
Muslime im säkularen Rechtsstaat.
Neue Akteure in Kultur und Politik
ISBN 3-86093-311-6
ISBN 3-930832-09-7
1. Auflage 2001
Gestaltung und Satz: Peter Mischung, Hofheim
Druck: Fuldaer Verlagsagentur
(c) Hessische Gesellschaft für Demokratie und Ökologie (HGDÖ) e.V.,
    Frankfurt am Main 2001
(c) Verlag Das Arabische Buch, Berlin 2001
Alle Rechte vorbehalten
Printed in Germany

Bezugsadresse:
Verlag Das Arabische Buch, Motzstraße 59, 10777 Berlin, Fax: 030 / 3 22 51 83
Email: info@das-arabische-buch.com
oder
Hessische Gesellschaft für Demokratie und Ökologie(HGDÖ)
Niddastr. 64, 60329 Frankfurt am Main, Tel.: 069/ 23 10 90, Fax: 069 / 23 94 78
Email: info@hgdoe.de

Inhalt

Vorwort
Thomas Hartmann

Dieses Buch fasst neun Texte zusammen, die – mit Ausnahme des Beitrags von Helma Lutz – auf Vorträge oder Diskussionsbeiträge der Veranstaltungsreihe „Muslime – neue Akteure in Kultur und Politik" zwischen November 1999 und Mai 2000 zurück gehen. Die Heinrich-Böll-Stiftung und vier ihrer Landesstiftungen (in Bayern, Berlin, Hessen und Niedersachsen) veranstalteten gemeinsam mit örtlichen Kooperationspartnern insgesamt 16 Vortragsabende und 2 mehrtägige Konferenzen. Diese Veranstaltungen setzten sich mit der Tatsache auseinander, dass Muslime inzwischen Teil der deutschen Gesellschaft sind. Die Debatte ging um die Auswirkungen und Anforderungen im Zuge dieser Erweiterung des kulturellen und religiösen Spektrums unserer Gesellschaft.

Ziel war es zunächst, im öffentlichen Raum und im Dialog mit Vertreterinnen und Vertretern muslimischer Organisationen und muslimischer Intellektueller – insgesamt über die Hälfte aller ReferentInnen und GesprächspartnerInnen – über die gegenseitige Wahrnehmung und die Probleme zu sprechen, die sich in den letzten Jahren aufgestaut haben: wie islamischer Religionsunterricht an Schulen, die Anerkennung von islamischen Organisationen als Körperschaften des öffentlichen Rechts, der Bau von Moscheen und Minaretten oder die Kopftuch-Debatte. Bezüge zu solchen und anderen Alltagserfahrungen finden sich vor allem in den Beiträgen von Sabiha El-Zayat, Arzu Merali und Helma Lutz.

Ausgangspunkt der Veranstaltungsreihe war die Wahrnehmung des Islams bzw. der Muslime durch die Mehrheitsgesellschaft und die Aufforderung, sich von dem Schlagwort „Islam" zu lösen und dahinter eine Vielfalt von religiösen und kulturellen Verständnissen und Praktiken von Muslimen wahrzunehmen – mit verschiedenen gesellschaftspolitischen Positionen (siehe den einleitenden Beitrag von Navid Kermani).

Doch das Interesse an dieser Veranstaltungsreihe steht in einem allgemeineren aktuellen Kontext: In Deutschland findet derzeit eine zweite Wende statt. Deutschland realisiert, dass es Einwanderungsland ist, und breite Kreise der Gesellschaft stellen sich den Fragen und Problemen, die damit zusammenhängen.

Die theoretischen Diskurse über den Umgang mit „Differenz" werden praktisch. Die Folgen davon im Alltag – der erste Teil dieses Buches – haben wir alle schon erlebt. Die Konsequenzen für die gesellschaftliche Ordnung – der zweite Teil – erschliessen sich erst in einem theoretischen Diskurs. Er läuft auf eine Gratwanderung hinaus: Das alle Staatsbürgerinnen und Staatsbürger umfassende Gleichheitsprinzip verlangt, dass die neuen TeilhaberInnen in der Gesellschaft auch mit ihren eigenen Interessen zu neuen Akteuren werden können; doch der säkulare Rechtsstaat selbst basiert auf tragenden Grundsätzen, die ihrerseits von den neuen gesellschaftlichen Akteuren (wie auch von den alten) beachtet werden müssen. Hier wird das Grundmuster der gesellschaftlichen Diskussion zu diesem Themenkomplex erkennbar: die Muslime werden nach ihrer Demokratie-Tauglichkeit gefragt, die Mehrheitsgesellschaft nach ihrer Integrationswilligkeit bzw -fähigkeit.

Die Präsenz von Muslimen provoziert die Mehrheitsgesellschaft, sich mit ihren eigenen republikanischen Grundlagen neu auseinander zu setzen. Denn die Erweiterung des kulturellen Spektrums der Gesellschaft erfordert – wenn man den Grundsatz der Gleichberechtigung ernst nimmt – eine Überprüfung vieler institutioneller und rechtlicher Regelungen, die historisch in einem relativ homogenen kulturellen Umfeld entstanden sind. So verweist Heiner Bielefeldt darauf, dass der säkulare Rechtsstaat als eine unerlässliche Voraussetzung für eine politische Gestaltung des religiösen und weltanschaulichen Pluralismus verteidigt, aber auch ausgebaut werden muss. Der säkulare Rechtsstaat – die Idee davon, nicht unbedingt seine Staatsbürgerinnen und Staatsbürger – gewährt den Muslimen das Recht auf eine aktive Mitgestaltung der Gesellschaft, aber es ist eine politische Herausforderung, dies Recht mit Leben zu füllen.

Alle AutorInnen dieses Bandes gehen davon aus, dass die Integration neuer Menschen in eine Gesellschaft auch die Aufnahmegesellschaft verändert. Sie verschiebt gesellschaftliche Diskussionen und Verhaltensweisen, denn legitimerweise werden von den neuen Akteuren neue Aspekte ins Spiel gebracht.

In Deutschland bringt das Zusammenleben mit Muslimen drei zentrale Themen auf die Tagesordnung, teilweise unbequeme Themen, die manche im gesellschaftlichen Raum lieber unter dem Teppich gelassen hätten: Erstens das Verhältnis der Geschlechter, zweitens das Verhältnis zur Religion, und zwar nicht nur als private Angelegenheit, sondern auch die Frage von religiöser Kultur im öffentlichen Raum, und drittens den historischen Konsens zwischen Religion und Staat, wie er im Prozess der Säkularisierung in Deutschland entwickelt wurde – und zwar als eine Variante von Säkularisierung, denn in anderen westeuropäischen Ländern wurden dabei andere Lösungen gefunden, die nunmehr den Stoff bilden für vergleichende Betrachtungen (dazu insbesondere Reinhard Schulze in seinen Anmerkungen zu Tariq Ramadan und Tariq Modood).

Die Mehrheitsgesellschaft wird durch die Muslime bei diesen Themen mit unklaren, ungeklärten oder strittigen Punkten konfrontiert. Deutlich wird dies allerdings erst, wenn man nicht nur die Muslime nach der Demokratietauglichkeit befragt, sondern auch die Aufnahmegesellschaft nach ihrer Integrationsfähigkeit, wie dies insbesondere die Beiträge von Birgit Rommelspacher und von Helma Lutz im Hinblick auf das Zusammenleben im Alltag und Heiner Bielefeldt im Hinblick auf institutionelle Regelungen thematisieren.

Die Autorinnen und Autoren sind Muslime und Nicht-Muslime. Aber es wäre verkürzt, dies in einer Dichotomie wahrzunehmen. Es gibt ein Netzwerk von partiellen Gemeinsamkeiten kreuz-und-quer zwischen allen AutorInnen, auch wenn die Perspektiven und die Ebenen der Überlegungen unterschiedlich sind im Spektrum zwischen Erfahrungen aus dem alltäglichen Zusammenleben und deren wissenschaftlicher Systematisierung. Die Beiträge richten sich teilweise an die eigene Community (an die Mehrheitsgesellschaft: Birgit Rommelspacher und Helma Lutz; an die Muslime: Tariq Ramadan), teilweise aus islamischer Sicht an die Mehrheitsgesellschaft (Arzu Merali, Navid Kermani). Interessant ist, dass Beiträge, die sich an beide Zielgruppen wenden (insbesondere Heiner Bielefeldt und Sabiha El-Zayat), innerhalb eines Themas in ihrer Argumentation auf ganz unterschiedliche Fragestellungen eingehen müssen. Könnte zum Umgang mit Differenz auch gehören, Fragestellungen der anderen zu akzeptieren und ernst zu nehmen, auch wenn sie einem selber nicht so wichtig sind? Diese Publikation bietet Nicht-Muslimen die Möglichkeit, einige zentrale Fragestellungen von Muslimen und ihre Wahrnehmungen von der gesellschaftlichen Realität kennen zu lernen.

Die Publikation will dazu beitragen, die gegenseitigen Wahrnehmungen und Zuordnungen zu überprüfen. Denn wir befinden uns (noch) in einer Phase des gegenseitigen Taxierens. Die Präsenz von Muslimen im öffentlichen Raum der Bundesrepublik ist erst dabei, sich zu entwickeln. Im Verhältnis zu westeuropäischen Nachbarländern wie Frankreich, den Niederlanden oder Großbritannien sind wir da eher Nachzügler, deswegen ist der Blick über den eigenen Tellerrand aufschlussreich. Dies zeigen die Beiträge von Arzu Merali und Tariq Modood zu Großbritannien, Helma Lutz zu den Niederlanden und Tariq Ramadan zum französisch sprachigen Westeuropa sowie die Anmerkungen dazu von Reinhard Schulze.

Der vergleichende Blick auf andere westeuropäische Länder provoziert interessanter Weise auch eine Europäisierung der Debatte und ihres Bezugsrahmens und damit einhergehend eine Relativierung der spezifischen Entwicklungen, die sich in Deutschland herausgebildet haben: ein weiteres Beispiel für eine Lernprovokation. Dies verweist auf die große Chance, die aus einer gesellschaftlichen Auseinandersetzung über das Zusammenleben mit Muslimen in Deutschland erwachsen kann. Die damit verbundenen Provokationen als Anregungen für Klärungsprozesse und neue Impulse zu nutzen, fordern Birgit Rommelspacher und Sabiha El-Zayat in ihren Beiträgen. Kurz gesagt bietet diese Publikation also Material an, sich auf Muslime als neue Akteure in Kultur und Politik einzustellen.

Islam in Europa – neue Konstellationen, alte Wahrnehmungen
Navid Kermani

Die Frage, ob der Islam mit Europa kompatibel sei, steht auf dem Themenranking hiesiger Podiumsdiskussionen, Konferenzen, Forschungskolloquien, Volkshochschulkurse und evangelischer Akademien seit Jahren an vorderer Stelle. Geringfügig variiert – verträgt sich der Islam mit der Demokratie?, dem Grundgesetz?, der Moderne?, der Aufklärung?, den Lehrinhalten deutscher Schulen? – erreicht sie in regelmäßigem Abstand auch den großen Debattenraum der Feuilletons, Talkshows und Parlamente. Wenn es wieder einmal so weit ist, kann man den Eindruck gewinnen, die Plenarsäle, Kabinette, Kommunalräte und Redaktionen hätten sich zu Horten der Islamwissenschaft verwandelt. Der Islam sei noch nicht „durch das Feuer der Aufklärung gegangen", doziert ein Landtagsabgeordneter, er sei andererseits aber auch nicht mit dem Fundamentalismus gleichzusetzen, mahnt ein Innenminister. Ein Kommentator der Frankfurter Allgemeinen weiß, dass der Islam „durch und durch politisch" sei, während ein anderer Vertreter der gleichen Zeitung zu verstehen gibt, dass ein Islam, der die Menschenrechte akzeptiere, kein Islam mehr sei. Selbst deutsche Fußballkommentatoren diskutieren gerne einmal mit, wenn sie alljährlich im Fastenmonat Ramadan die Frage aufwerfen, ob sich etwa auch Islam und Bundesliga ausschließen.

Etwas ungläubig verfolge ich die Debatte, wie sie zuletzt nach dem Stuttgarter Kopftucherlass und dem Berliner Urteil zum islamischen Schulunterricht die Gemüter erhitzte. Die Autoren, Redner und Studiogäste haben mir voraus, dass sie genau zu wissen scheinen, was der Islam ist. Mir ist das nicht so eindeutig. Auf die Frage etwa, ob der Islam mit der Moderne kompatibel sei, will mir keine bündige Antwort einfallen. Welche Moderne? ist zunächst einmal zu fragen. Versteht der betreffende Autor oder Redner den Begriff normativ als ein Kanon von Ideen wie Aufklärung, Rationalismus, Toleranz, Menschenrechte und Demokratie? Oder meint er ihn deskriptiv, als Bezeichnung einer historischen Epoche? Dann gehören auch der Totalitarismus, die Schoah oder die flächendeckende Zerstörung der natürlichen Lebensgrundlagen zur Moderne. Schwieriger noch zu beantworten scheint die zweite Frage: Welcher Islam? Der saudische Wahhabismus, der Frauen vom Autofahren abhält, oder die Ideologie Ajatollah Chomeinis, die an Stelle des Menschen Gott zum Souverän des Staates erklärt, stehen zweifellos im Widerspruch zur Demokratie, zur Toleranz und zu den Menschenrechten, Ideen also, die gemeinhin der Moderne zugeschlagen werden. Denke ich jedoch an zahlreiche andere muslimische Denker, Schulen, Richtungen oder einfach nur an den Islam, den ich aus meiner Kindheit kenne, an den Islam meiner Verwandten, Freunde und des Mullahs von nebenan, dann fällt mir daran nichts Unmodernes auf. Weder wirken sie als Subjekte entmündigt noch sonderlich aggressiv gegenüber ihren anders- oder nichtgläubigen Nachbarn, und ihr Glaube hält sie auch nicht ab, sich eine weltliche Demokratie und technischen Fortschritt für ihr Land zu wünschen. Diese Muslime sind friedfertig, mündig und freiheitsliebend, nicht trotz, aber auch nicht wegen ihres Glaubens. Beides hieße, den Islam, der zunächst einmal eine Religion und auch im Leben von Gläubigen keineswegs die einzig relevante Größe ist, zu überschätzen.

Man mag einwenden, die Verwandten und Freunde und der Mullah seien verwestlicht, und nicht einmal für den letztgenannten wäre das zu bestreiten. Aber dennoch und gleichzeitig empfinden sie sich als Muslime. Dass darin ein Widerspruch liegt, dürfte bislang keinem von ihnen in den Sinn gekommen sein. Wer behauptet, dass der Islam unvereinbar mit der westlichen Moderne ist, müsste solche „aufgeklärten" Muslime (die nach Informationen der „Süddeutschen Zeitung" zahlreicher sind, „als die Klischees es vermuten lassen", die in Wirklichkeit jedoch gewöhnliche Bewohner einer mittelöstlichen Großstadt sind) konsequenterweise exkommunizieren, um auf dem eigenen Standpunkt beharren zu können. Anders ausgedrückt, müsste er den Frommen unter meinen Verwandten also belehren: Euer Glaube ist ja schön und gut, aufgeklärt, tolerant und säkular, aber echte Muslime seid ihr nicht, denn der Islam kennt keine Aufklärung und verlangt die Einheit von Staat und Religion. Das wäre so anmaßend, wie es umgekehrt bequem wäre, nur jene Muslime für wahre Repräsentanten ihrer Religion zu halten, die der westlichen Öffentlichkeit sympathisch sind, und also zu folgern, dass Islam und Europa sich bestens ergänzen. So hilft es wenig, die Friedfertigkeit der islamischen Botschaft zu versichern, um zu erklären, warum in ihrem Namen gegenwärtig so häufig gemordet wird.

Der Koran ist das einzige Dokument, das alle Muslime als autoritativ anerkennen, doch ist auch er „nur eine Schrift zwischen zwei Buchdeckeln, die nicht spricht", wie der vierte Kalif des Islams und Urvater der Schiiten, der 661 ermordete Imam Ali, wusste; „es sind die Menschen, die mit ihm sprechen". Und diese Menschen – die Muslime – sprechen seit der Frühzeit verhältnismäßig wild durcheinander, zumal die islamische Welt keine der Kirche vergleichbare Institution kennt, die das letzte Wort hat. Im Gegenteil: Die Vielfalt möglicher Interpretationen wurde in der islamischen Theologiegeschichte fast immer als göttliche Gnade und Beleg für den inneren Reichtum der Offenbarung hervorgehoben. Ein Korankommentator des zehnten oder elften Jahrhunderts führt zu jedem Vers mindestens zwei, in der Regel sehr viel mehr Deutungen an, von denen er eine zwar als sinnvoll nahelegt, die er aber nicht für absolut wahr beansprucht – „und Gott weiß es besser", steht am Ende einer jeden Auslegung. Die Offenheit der Offenbarung ist also nicht nur eine hermeneutische, sondern bis zum Aufkommen des modernen Islamismus, zu dessen Merkmalen eben der Anspruch auf ein Interpretationsmonopol gehört, auch eine theologische Selbstverständlichkeit.

Für sich betrachtet, ist der Koran weder ein Manifest für noch ein Pamphlet gegen Moderne, Demokratie und deutsches Grundgesetz. Was diese und viele andere, gegenwärtig drängende Fragen betrifft, ist er weitgehend indifferent. So kann man etwa die parlamentarische Demokratie und die Gewaltenteilung als Konzept ablehnen oder befürworten, nur hilft einem dabei, wenn man die Texte aufmerksam liest, weder der Koran noch das Hadith, die Sammlung der prophetischen Aussagen und Taten. Den vielzitierten Satz aus dem Koran, dass die Menschen sich beraten sollten, als demokratisches Manifest zu deuten oder umgekehrt aus anderen Zitaten eine Rechtfertigung wahlweise der Monarchie, des Sozialismus oder der Theokratie herzuleiten, wie es seit dem neunzehnten Jahrhundert üblich geworden ist, missachtet den historischen, aber auch den unmittelbaren textuellen Kontext der Verse und erfordert allzu viel interpretatorischen Eigensinn. Offensichtlich hat Gott (oder, um es glaubensneutral zu formulieren: der Sprecher im Koran) es weitgehend den Menschen überlassen, wie sie Herrschaft so organisieren, dass sie gerecht und Ihm gefällig ist.

Gewiss hat der Koran Verse, die heutigen Menschenrechtsvorstellungen widersprechen, aber das ist, weil diese Vorstellungen heutig sind und die Verse sehr alt, normal und in anderen religiösen oder philosophischen Texten ferner Epochen kaum anders. Als bloßes theologisches Gefüge gibt es nicht wenige westliche Forscher, die dem Islam unter den drei großen monotheistischen Glaubensrichtungen des Westens die größte Nähe zur Moderne attestieren. So weist etwa der britische Kulturtheoretiker Ernest Gellner auf den Universalismus des Islams, auf dessen Schriftgläubigkeit und spirituellen Egalitarismus, die Ausdehnung der vollen Teilhabe an der Heilsgemeinschaft auf alle Menschen sowie auf die rationale Systematisierung des sozialen Lebens hin.[1] Sein Landsmann, der Bischof und Islamwissenschaftler Kenneth Cragg findet im Koran ein kartesianisches Menschenbild, das dem Islam einen Zugang zur Moderne eröffne, der dem Christentum erst durch die Aufgabe wesentlicher Glaubensinhalte möglich gewesen sei.[2] Und der französische Politologe François Burgat meint, dass gerade der Bezug auf den Islam es ermögliche, sich die „wesentlichen Referenzen" des modernen, vom Westen geprägten „Diskurses" anzueignen, nicht zuletzt im Bereich der Menschenrechte und der Demokratie.[3] Andere, in Deutschland bekanntere Autoren sagen genau das Gegenteil. Für sie kann die islamische Welt erst in die Moderne eintreten, wenn sie nach dem Vorbild des Westens einen Prozess der Aufklärung durchläuft.[4] Vom Islam bliebe dann freilich, weil seine wesentlichen Inhalte der modernen Zivilisation widersprächen, nicht mehr viel übrig. Diese Position wiederum wird von jenen Ideengeschichtlern attackiert, die in der Moderne längst ein transkulturelles, also nicht bloß westliches Phänomen erkannt haben. Die Islamwissenschaftler unter ihnen versuchen den Beweis zu führen, dass in Teilen der islamischen Welt seit dem 16. Jahrhundert ein zwar nicht identischer, aber doch paralleler und in vielem vergleichbarer Prozess wie in der europäischen Neuzeit stattgefunden hat. Sie verweisen auf die machtpolitischen und ökonomischen Analogien zwischen den europäischen Reichsbildungen und denen der Osmanen, persischen Safawiden oder indischen Moghulen. Zugleich sehen sie in der muslimischen Ideengeschichte des 18. und 19. Jahrhunderts deutliche Hinweise für ein eigenständiges reformatorisches Denken. Nicht zufällig hätten europäische Beobachter des 18. Jahrhunderts das zeitgenössische islamische Denken immer wieder als rationalistisch gerühmt oder verworfen. Unterbrochen sei diese autochthone Tradition der

Aufklärung erst, als Europa im späteren 19. Jahrhundert die politische und dann auch intellektuelle Vorherrschaft über die islamische Welt gewann.[5]

Die Realität hält sich mit solchen akademischen Diskussionen über den Islam und wahlweise die Demokratie, die Menschenrechte, die Emanzipation oder die Moderne nicht auf. In ihr ist der Islam offenkundig in der Lage, sowohl den Sozialismus zu legitimieren als auch die Monarchie, die Trennung von Religion und Staat ebenso wie deren Einheit, die Tyrannei nicht weniger als den Kampf gegen sie. So wichtig es für den westlichen Beobachter sein mag, sich ein Urteil über den Islam zu bilden, so viele Muslime wird es in jedem Fall geben, die sich an eben dieses Urteil nicht halten. Und am Ende sind sie es, die in ihrer Gesamtheit bestimmen, was ihre Religion ist oder sein kann.

Die einzigen Glaubensvorstellungen, Riten und religiösen Pflichten, die man ohne Einschränkung als „islamisch" bezeichnen kann, weil sie praktisch von allen Muslimen als normativ akzeptiert (wenn auch nicht zwingend befolgt) werden, stehen einer Integration in eine europäische säkulare Gesellschaftsordnung nicht im Wege, begünstigen diese Integration aber auch nicht. Kaum jemand wird ernsthaft behaupten, dass gläubige Muslime deshalb keine Teilhabe an Europa haben können, weil sie an die Einheit Gottes, an Mohammed als seinem letzten Propheten und an die Vorstellung eines jüngsten Gerichts glauben, weil sie fünfmal am Tag beten, einen Monat im Jahr fasten, die Armensteuer bezahlen und einmal im Leben nach Mekka reisen möchten. Nichts anderes sind aber die grundlegenden, von allen Muslimen akzeptierten Inhalte des Islams. Der Einwand jener, die einen europäischen oder modernen Islam als Widerspruch in sich selbst sehen, bezieht sich denn auch weniger auf sie als insbesondere auf die Idee, dass der Islam keine Trennung von Staat und Religion kenne, dass er Gesetze für ein Gemeinwesen aufstelle und eine Religion sei, die zwingend das öffentliche Leben regeln und staatliche Gesetze erlassen wolle. Dabei übersieht man geflissentlich, dass die Parole von der angeblich notwendigen Einheit von Religion und Staat im Islam (Al-Islam din wa-daula), wie sie Fundamentalisten überall im Munde führen und westliche Beobachter willig übernehmen, ein genuines Produkt der Moderne ist. Sie lässt sich in keinem Text vor dem 18. Jahrhundert nachweisen. Ein arabischer Staatsphilosoph des 10. Jahrhunderts wie al-Farabi hätte die Forderung nicht unbedingt abgelehnt; eher wäre sie ihm unverständlich geblieben. Auch der Verweis auf den Propheten Mohammed und die vier ersten Kalifen ist kein Argument dafür, dass der Islam eine Einheit religiöser und politischer Führung zwingend vorschreibe, insofern es nach ihnen (beziehungsweise seit der „Verborgenheit" des zwölften Imams der Schiiten) bekanntlich keinen Propheten und durch die Nähe zu ihm legitimierte und von der Gemeinde akzeptierte Nachfolger mehr gibt. Wer die spezifische Situation innerhalb einer Heilsgeschichte zum absolut gültigen und im Detail nachzuahmenden Muster für die gesamte nachfolgende Geschichte erklärt, denkt fundamentalistisch, mag er Muslim sein oder Christ, politischer Aktivist oder beobachtender Orientalist. Nichts anderes tun Islamisten und enden im Extremfall damit, im Bartschnitt und Kleidung zu kopieren, was vom Propheten überliefert wird, und auch auf den Lidschat-

14

ten nicht zu verzichten, den arabische Männer des frühen siebten Jahrhunderts zu tragen pflegten.

Gewiss hat das Beispiel des Propheten Muslimen schon immer als Richtschnur des Handelns und des Rechts gedient, sind Herrscher (nicht anders als in Europa) als Beschützer des Glaubens oder religiöses Oberhaupt aufgetreten; aber dass der Islam alle Dinge des öffentlichen Lebens minuziös regle, ja selbst eine Staatsform sei, ist eine Idee erst des neunzehnten Jahrhunderts, entstanden infolge der Auseinandersetzung mit der politischen und geistigen Herausforderung, die das kolonialistische Europa an die islamische Welt gestellt hatte. Der Berner Islamwissenschaftler Reinhard Schulze hat hierfür den Ausdruck der „fundamentalistischen Falle" geprägt, in welche die muslimische Intelligenz getappt sei.[6] Eben weil die westliche Kritik den Islam als autonome anthropologische Größe behandelte, welcher der Muslim willenlos ergeben sei, und die Religion der Muslime zur Ursache ihrer Unterlegenheit und strukturellen Reformunfähigkeit erklärte, griffen muslimische Denker des neunzehnten und frühen zwanzigsten Jahrhunderts ebenfalls auf die Religion zurück, um sich ideologisch zu verteidigen und die eigene Situation zu erklären, nur unter umgekehrten Vorzeichen: Nicht der Islam, sondern die Abkehr von ihm wurde als der Grund der eigenen Krise bestimmt; mit der Rückkehr zu ihm, so hoffte man in diesem Vorstadium des heutigen Islamismus, stelle sich alte Größe automatisch wieder ein. Die muslimische Urgeschichte wurde in beiden Diskursen, dem westlichen wie dem muslimischen, zum Deutungsmuster der Gegenwart, als Menetekel im ersten, als Modell im zweiten Fall. In beiden Fällen nahm man einen islamischen Urzustand an und betrachtet die Geschichte im wesentlichen unter der Frage, inwiefern sie zu einem Abweichen von der frühislamischen Norm geführt habe. Grundsätzlich geändert hat sich das bis heute nicht.

Muslimischen Fundamentalisten aller Schattierungen ist gemeinsam, dass sie für die Probleme, Phänomene und Lösungsansätze ihrer Lebenswelt eine Urbegründung in den religiösen Quellen und der Frühzeit des Islams suchen. Diesen essenzialistischen Blick teilen sie mit einer mittlerweile jahrhundertealten Tradition westlicher Nahostkenner. Mindestens der Populärwissenschaft sowie der Berichterstattung in den Massenmedien liegt er nach wie vor häufig zugrunde. Niemand würde die protestantischen Extremisten in Nordirland als Soldaten Luthers bezeichnen oder die Vergewaltigungen muslimischer Frauen, die Schändung muslimischer Friedhöfe in Bosnien, obwohl sie doch unter Berufung auf eine christliche Lehre begangen wurden, mit der Bibel begründen. Das religiöse Vokabular wird völlig richtig in einem konkreten gesellschaftlichen, machtpolitischen und nicht zuletzt propagandistischen Zusammenhang wahrgenommen und damit in seinem Wahrheitsanspruch relativiert. Damit wird die religiöse Begründung weder geleugnet noch unterschätzt, aber in ihren Kontext mit anderen Faktoren gesetzt und erklärt. Sobald jedoch an einem Ort zwischen Rabat und Kuala Lumpur eine Bombe explodiert, müssen muslimische Fundamentalisten Allahs Schwert gezückt haben, werden Koranverse angeführt und entschuldigende oder anklagende Urteile über den Islam gefällt. Die säkulare Wahrnehmung des Westens nimmt den Orient aus, der so exemplarisch zum Ort der Religion wird, wo sämtliche kulturellen und politischen Entwicklungen und Ereignisse ursächlich mit dem Glauben erklärt werden müssen. Der Islamwissenschaftler Aziz al-Azmeh sieht hier geradezu eine Komplizenschaft zwischen westlichen Kommentatoren und islamistischen Ideologen.[7] Auf beiden Seiten wird die Urbegründung jedes Phänomens in der islamischen Welt in den religiösen Quellentexten angesiedelt, eine durch und durch normative Haltung also, die sich in bezug auf die Geschichte und Gegenwart der „christlichen Welt" sofort diskreditieren würde.

Erst seit einigen Jahrzehnten bemühen sich Orientalisten sowie muslimische Denker gleichermaßen (bis hierhin reicht die Parallelität), die Religion aus diesem fundamentalistischen Zugriff zu befreien, sie als Faktor der geschichtlichen Entwicklung, der Kultur und der kollektiven Identität zwar nicht zu leugnen, aber sie im Zusammenhang mit anderen Faktoren zu sehen. Dass Muslime es bei diesem Vorhaben schwerer haben, weil sie nicht im Elfenbeinturm der reinen Wissenschaft schreiben und ihnen nicht selten reflexartig der Vorwurf der Ketzerei gemacht wird, ist offenkundig. Muslimische Theoretiker des Pluralismus, der Menschenrechte oder der Demokratie sind deshalb häufig bemüht gewesen, ihre Forderungen als islamisch zu deklarieren. Dadurch aber haben sie – mit entgegengesetztem Ergebnis – die Argumentationsweise ihrer Gegner übernommen. In den letzten Jahren zeichnet sich hier ein Paradigmenwechsel ab. Autoren wie der in Paris lehrende Algerier Mohammed Arkoun, der Ägypter Nasr Hamid Abu Zaid oder der Iraner Abdolkarim Sorusch beginnen in jeweils völlig unterschiedlichen gesellschaftlichen und geistigen Kontexten die Funktion der Religion neu (in gewisser Weise aber auch ganz traditionell) zu bestimmen.[8] Sie wenden sich gegen die, wie sie es empfinden, Instrumentalisierung des Glaubens durch die Politik, die sie progressiven wie reaktionären Kräften gleichermaßen vorwerfen. Der Islam, sagt etwa Abu Zaid, „ist ein Bezugsrahmen in seiner Eigenschaft als Religion, aber ich kann nicht die Menschenrechte bestimmen nur durch die Rückkehr zum Islam, weil es andere menschliche Errungenschaften außerhalb der Religion gibt, die ich nicht leugnen kann".[9]

Alle drei Autoren sehen in der Fundamentalisierung, die in der muslimischen Wahrnehmung des Islams eingetreten sei, eine neuzeitliche Entwicklung und verweisen auf die Pluralität und auch Säkularität (Trennung von Staat und Kirche) früherer Jahrhunderte. Doch während etwa Arkoun sich von Glaubensdiskussionen und -bekenntnissen fernhält, argumentiert Sorusch aus einer dezidiert religiösen Grundeinstellung. Wie viele andere religiöse Intellektuelle im nachrevolutionären Iran beklagt er, dass die Identifizierung des Islams mit der politischen Herrschaft zu einer weitverbreiteten Abkehr von der Religion geführt habe, insbesondere bei der Jugend. Wo man die Religion mit der Politik verquicke, warnt Sorusch, entweihe man sie und lenke von ihrer eigentlichen Bestimmung ab, nämlich den Menschen in seiner Beziehung zu Gott zu leiten. Damit knüpft er einerseits an die quietistische Tradition an, die innerhalb der schiitischen Orthodoxie über Jahrhunderte hinweg dominierend gewesen ist, andererseits an den mystischen Islam, den Sufismus. Schon immer waren die Lebenshaltung, die Weltansicht und das literarische Erbe der Mystik für die islamische Welt ungleich prägender gewesen als fundamentalistische Haltungen; und seit jeher war sie das wirksamste Mittel gegen den Kleingeist und die Buchstabentreue der Orthodoxie. Die Mystik als der verinnerlichte Islam könnte sich als eines der Felder erweisen, auf dem Frömmigkeit und Aufklärung, Individuation und Gottergebenheit zusammenfinden, auch in der Kunst. „Ich bin Muslim", sagt der 1980 gestorbene, heute im Iran fast kultisch verehrte mystische Dichter Sohrab Sepehri in seiner poetischen Autobiographie: „Mein Mekka ist eine rote Rose, / Mein Gebetstuch eine Quelle, mein Gebetsstein Licht. / Die Steppe mein Gebetsteppich."

Sorusch, Arkoun und Abu Zaid repräsentieren nicht das heutige islamische Denken oder gar „den" Islam. Sie stehen aber für eine intellektuell und zunehmend auch gesellschaftlich bedeutsame Strömung innerhalb der islamischen Welt. Auf sie eingegangen bin ich, weil sie mir in ihrem Blick auf die Geschichte und Gegenwart der muslimischen Länder weitaus säkularer erscheinen als viele Kommentatoren und Experten in Deutschland, welche die Frage nach dem Islam in Europa nach wie vor aus einer essenzialistischen Perspektive stellen: Es wird ein Islam konstruiert und dann gefragt, ob dieser Islam sich mit der Moderne, dem Grundgesetz, der Demokratie und den Menschenrechten verträgt. Die Antworten sind natürlich unterschiedlich, weil das Konstrukt unterschiedlich ist, sie können positiv ebenso wie negativ ausfallen. Aber in beiden Fällen werden die Fragen, die durch die Migration von Muslimen nach Europa entstanden sind, mit Blick auf den Islam, auf eine vorgestellte islamische Urgeschichte zu beantworten gesucht. Doch sind Thesen wie die Identität oder Unvereinbarkeit des Islams mit der Demokratie oder den Menschenrechten deshalb so müßig, weil es erstens den Islam nicht gibt und er sie zweitens, selbst wenn es ihn gäbe, nicht beantwortete. Allenfalls ließe sich mit Blick auf die Historie sagen, dass Demokratie oder Menschenrechte Möglichkeiten des Islams sind. Dass der Islam in einen säkularen Staat integrierbar ist, wäre daher mit Hinweis auf die Beispiele einer solchen Integration prinzipiell zu bejahen. Zu fragen aber bliebe, ob der Islam in Deutschland sich integrieren wird.

Die meisten Muslime in Deutschland stammen aus ländlichen, wenig entwickelten Gebieten; ihre Auswanderung nach Deutschland war vielfach eine Zeitreise. Die Schwierigkeiten, sich in eine städtische, industrialisierte Welt einzugewöhnen, sowie die Abwehrmechanismen, mit denen sie auf diese Schwierigkeiten reagieren, sind zum großen Teil die gleichen, wie sie als Folge der Landflucht überall in den Metropolen der islamischen Welt zu beobachten sind. Einem Angehörigen der Istanbuler, Beiruter oder Teheraner Mittelschicht sind die Gewohnheiten, Traditionen und Wertvorstellungen eines anatolischen oder lorestanischen Dorfbewohners kaum weniger fremd als den meisten Deutschen. Nicht alle, aber doch ein großer Teil der Probleme, die im Zusammenleben mit Muslimen auftauchen – Parallelgesellschaften, Bildungsgefälle, die Verbannung der Frau aus dem öffentlichen Leben –, wären nicht bloß theologisch zu erklären, sondern haben soziale Gründe. Das bedeutet auch, dass diese Probleme weit unscheinbarer wären, stammte das Gros der muslimischen Einwanderer aus den Städten. So wird immer wieder verwundert vermerkt, dass Immigranten aus dem Libanon oder Iran, deren Zahl weltweit mehrere Millionen beträgt, in großer Zahl in die Bildungs- oder Wirtschaftseliten ihrer neuen Heimat vorstoßen. Das liegt gewiss nicht an der überdurchschnittlichen Intelligenz ihrer Völker, sondern daran, dass sie bereits in der alten Heimat Angehörige jener priviligierten Schicht waren. Dass sie wenig Schwierigkeiten haben, sich an die neue Umgebung anzupassen ist kein Wunder, wenn man ihre alte Umgebung kennt; sie ist der neuen ziemlich ähnlich.

Die wesentliche Grenze verläuft heute nicht zwischen den Religionen und Kulturen, sondern trennt Stadt- und Landbevölkerung, Reiche und Arme, Gebildete und Ungebildete – wobei Mitteleuropa als Ganzes zur Gruppe der Bessergestellten gehört. Ein Konflikt der Kulturen hat, wenn überhaupt, hier seinen Ort: als auch kultureller Konflikt innerhalb von Gesellschaften. Der geistige, soziale und sogar religiöse Horizont einer bürgerlichen Familie in Rabat, Kuala Lumpur oder Rio de Janeiro – die Bücher, die gelesen, die Musik, die gehört, die Filme und Fernsehprogramme, die gesehen, die Themen, die im Privaten diskutiert, die Autos und U-Bahnen, die gefahren, die politischen Fanatismen, denen angehangen, die Drogen, die konsumiert, die Berufe, die ausgeübt, die erotischen Bande, die geknüpft, und mittlerweile sogar die Mahlzeiten, die verspeist werden – ist dem Horizont einer europäischen Familie gleichen sozialen Ranges näher als demjenigen eines Bauern oder Slumbewohners, der ein paar Autominuten entfernt lebt. Das ist nicht zum Lob der Stadt und des technischen Fortschritt gesagt, im Gegenteil: Der Befund impliziert ein Maß an Nivellierung, das die frühen Schreckbilder der Kulturindustrie und des modernen Herdendaseins als geradezu romantisch erweist. Er übersieht auch nicht, dass der politische Extremismus, mag er national, sozialistisch oder religiös verbrämt sein, fast immer in den Metropolen entstanden und stark geworden ist; das gilt im Besonderen für den Islamismus, dessen Anhänger in der Regel nicht weniger von der westlichen Kultur geprägt sind als ihre nichtislamistischen Nachbarn und deren intellektuellen Führer sich häufig genug direkt auf gegenaufklärerische und postmodernistische Autoren des Westens beziehen. Die Provinz ist konservativ und patriarchalisch, aber selten radikal. Die Taliban sind ein solch seltener Fall.

Beschränkt man seinen Blick nicht nur auf einige Viertel in Städten wie Berlin oder Frankfurt, gibt es gute Gründe zu hoffen, dass die Kinder und Kindeskinder der sogenannten „Gastarbeiter" sich in Deutschland am Ende doch weitestgehend integrieren werden (ohne deswegen die Bindung an die Kultur und Sprache ihrer Eltern zu verlieren). Das jetzt entdeckte Konfliktpotential innerhalb der Gesellschaft wird aber bestehen bleiben, weil die Einwanderung sich ungeachtet möglicher Gesetze und Grenzkontrollen fortsetzen wird. Die Armuts- und Kriegsflüchtlinge, in der Regel ungebildet und selten an der neuen Kultur interessiert, werden ihren Weg in die Wohlstandsviertel der Welt zu finden wissen. Sie gänzlich fernzuhalten, setzte voraus, die Ursachen ihrer Flucht zu beseitigen, und ist vorläufig so illusorisch wie die Annahme, dass eine solche kontinuierliche Einwanderung keine ernsthaften Probleme aufwirft. Sie zu bewältigen, bedarf es allerdings Deutschlehrer eher denn Islamwissenschaftler.

Anmerkungen:

1   Ernest Gellner, *Leben im Islam. Religion als Gesellschaftsordnung*, Stuttgart 1985.

2   Kenneth Cragg, *The Mind of the Qur`an, Chapters in Reflection*, London 1973.

3   François Burgat, *L`islamisme en face*, Paris 1996.

4   In Deutschland vor allem Bassam Tibi; vgl. *Die Krise des modernen Islams. Eine vorindustrielle Kultur im wissenschaftlich-technischen Zeitalter*, München 1981.

5   Schulze, „Das islamische achtzehnte Jahrhundert. Versuch einer histiographischen Kritik", in *Die Welt des Islams* Heft 30 (1990), 140-159; *das Heft 36/3 (November 1996) der gleichen Zeitschrift ist diesem Thema gewidmet und enthält äußerst kontroverse Beiträge.*

6   „Im Banne des Islams. Anmerkungen zur Islamischen Begeisterung", in: Hermann Forkl, Johannes Kalter, Thomas Leisten & Margareta Pavaloi (Hg.), *Die Gärten des Islams*, Stuttgart 1993, 379-381; vgl. auch vom selben Autor: „Muslimische Intellektuelle und die Moderne", in: Jochen Hippler & Andrea Lueg, *Feindbild Islam*, Hamburg 1993, 77-91; „Islam und Herrschaft. Zur politischen Instrumentalisierung einer Religion", in: Michael Lüders (Hg.), *Der Islam im Aufbruch. Perspektiven der arabischen Welt*, München 1992, 94-129.

7   Aziz al-Azmeh, *Die Islamisierung des Islams*, Frankfurt am Main 1996.

8   Vgl. von Arkoun, *Lectures du Coran*, Paris 1982; *Pour une critique de la raison islamique*, Paris 1984; *Der Islam*, Heidelberg 1999. Von Abu Zaid: *Islam und Politik. Kritik des religiösen Diskurses*, Frankfurt 1996; *Ein Leben mit dem Islam*, Freiburg 1999; von Sorusch: *Reason, Freedom, and Democracy in Islam*, New York 2000.

9   In der Zeitschrift *Adab wa-naqd* 93 (Mai 1993), 71; hier zit. nach Navid Kermani, *Offenbarung als Kommunikation. Das Konzept wahy in Nasr Hamid Abu Zaids Mafhum an-nass"*, Frankfurt am Main et. al. 1996, 93.

Der Islam – eine Provokation für das westliche Selbstbild
Birgit Rommelspacher

Wenn so anhaltend und erbittert über Symbole islamischer Religiosität diskutiert wird, wie dies in den letzten Jahren in Deutschland der Fall war, so ist zu vermuten, dass es außer um die Sache selbst immer auch um eigene Konflikte geht. So wird bei der Diskussion um das Kopftuch z.B. auch das Geschlechterverhältnis in der hiesigen Gesellschaft mitverhandelt; anders ließe sich diese Emotionalität nicht verstehen. Dasselbe gilt für die heftigen Auseinandersetzungen im Zusammenhang mit der Frage, ob in einer deutschen Stadt neben den vielen Kirchen auch eine Moschee gebaut werden darf. Häufig wird in der Hitze des Gefechts behauptet, damit würde die abendländische Kultur in Frage gestellt. Dabei fragt sich, warum diesen Zeichen einer anderen Religiosität – weit davon entfernt in der Bedeutung den christlichen Kirchen nahezukommen – ein solches Bedrohungspotenzial zugeschrieben wird, das in keiner Relation zu ihrer tatsächlichen Bedeutung steht. Der psychologische Blick auf diese Phänomene weist unmittelbar darauf hin, dass es sich hier um eigene verdrängte emotionale Konflikte handeln muss.

Im folgenden möchte ich in dem Zusammenhang zwei Themenkomplexe aufgreifen und fragen, wie sich in diesen Diskussionen die eigenen Konflikte der Mehrheitsgesellschaft widerspiegeln – und zwar in Bezug auf die Frage nach dem Geschlechterverhältnis und der Religiosität.

Das Geschlechterverhältnis im Spiegel der Kontroverse um das Kopftuch

In der Diskussion um die Frage, ob Frauen ein Kopftuch tragen dürfen bzw. wie Frauen wahrgenommen werden, die dies tun, treffen wir immer auf dieselbe Dichotomie, nämlich auf der einen Seite steht die westlich emanzipierte Frau und auf der anderen die islamisch unterdrückte (vgl. dazu Irmgard Pinn und Marlies Wehner 1997). Frauen werden hier zu Symbolen kultureller Grenzziehungen und in ihnen verdichtet sich sowohl das Fremdstereotyp wie auch die Eigenstereotypisierung. Damit werden die Kulturen nicht nur polarisiert und hierarchisiert, sondern beide, und damit auch die eigene Kultur homogenisiert in dem Sinne, dass „die westliche Frau" umstandslos als emanzipiert gilt. Dies kann bei allen Erfolgen der neuen Frauenbewegung nun keineswegs so behauptet werden. Denn zum einen sind wir in vielen Bereichen der Gesellschaft noch weit von der Gleichstellung der Frauen entfernt: So erzielen Frauen z.B. heute wie in den 60er Jahren immer noch nur 70% des Einkommens der Männer, obwohl sie bezüglich ihrer Bildungsabschlüsse mit den Männern inzwischen gleichgezogen haben (vgl. von Wahl 1999); zum anderen hat das westliche Emanzipationsmodell zu neuen Konflikten und auch zu neuen Formen der Diskriminierung und Unterdrückung geführt, die durch eine solche polare Gegenüberstellung zugedeckt werden. Gleichzeitig werden diese Konflikte jedoch unterschwellig angesprochen und daraus erklärt sich zumindest zum Teil die emotionale Aufgeregtheit, die mit dieser Diskussion verbunden ist. Einige dieser Konfliktlinien möchte ich im folgenden aufzeigen.

Zur Frage der Geschlechtertrennung

Es gibt in der feministischen Diskussion eine intensive Debatte über die Frage, inwieweit das Geschlechterverhältnis durch die Differenz der Geschlechter bedingt ist oder ob nicht vielmehr von einer Gleichheit der Geschlechter auszugehen sei. Dementsprechend unterschiedlich sind auch die Zukunftsentwürfe. So ist es unter der Annahme der Gleichheit der Geschlechter letztlich nur eine Frage der Zeit beziehungsweise eine Frage des politischen Kampfes, bis sich die Geschlechterrollen aufgelöst und ihre psychologische, soziale und gesellschaftliche Relevanz verloren haben. Diese liberale Position hat die öffentliche Debatte weitgehend bestimmt und inzwischen zu erheblichen Einstellungsänderungen bei Mädchen und Frauen geführt, die sich in der Regel nicht mehr mit der Hausfrauenrolle zufrieden geben, sondern Beruf und Familie miteinander vereinbaren wollen.

Dennoch ist aber die Grenzziehung zwischen den Geschlechtern in der Erwerbssphäre ebenso wie im privaten Bereich weitgehend aufrecht erhalten geblieben. Die Emanzipationsvorstellungen haben die Trennung in Frauen- und Männerbereiche nicht aufgehoben: Frauen arbeiten nach wie vor in erster Linie in typischen Frauenberufen, Männer in typischen Männerberufen, auch wenn sich die beruflichen Tätigkeiten inhaltlich durchaus im Laufe der Zeit verändert haben, d.h. die geschlechtsspezifische Arbeitsteilung, ausgedrückt in dem sogenannten Segregationsindex, hat sich in den letzten Jahrzehnten so gut wie nicht verändert (von Wahl 1999). Ebenso machen Frauen nach wie vor den größten Teil der Hausarbeit. Das wird inzwischen allerdings vielfach von Männern wie von Frauen anders begründet: Heute machen Frauen diese Arbeit nicht vor allem deshalb, weil sie Frauen sind, sondern weil ihnen Sauberkeit und eine ansprechende Atmosphäre zu Hause persönlich wichtig sind. Die ge-schlechtsspezifische Arbeitsteilung wird also eher persönlich als rollenspezifisch legitimiert (vgl. Frerich 1999). Auffallend ist auch, dass sich die Grenzziehungen im Freizeitbereich z. B. im Sport kaum verschieben und auch hier recht eindeutig von typischen Männerdomänen bzw. Frauenbereichen gesprochen werden kann.

Und schließlich zeigt sich die Geschlechtersegregation in der Frauenbewegung selbst, die von Anfang an Frauenräume beansprucht und erkämpft hat. Diese sollten den Frauen die Möglichkeit geben, sich untereinander besser zu verständigen, sich gegenseitig zu bestärken und Vernetzungen aufzubauen, um gegen die männerbündische Struktur in der Gesellschaft angehen zu können. Inzwischen stellt sich jedoch die Frage, ob diese Geschlechtersegregation auch in politisch-feministischer Absicht nicht durchaus System hat und keineswegs nur als eine vorübergehende Basis politischer Auseinandersetzung zu verstehen ist. Man denke etwa an die Konzepte, die Koedukation in Schulen zumindest partiell wieder aufzuheben oder aber auch Frauenuniversitäten neu zu gründen.

Das bedeutet, dass das Thema Geschlechtersegregation noch lange nicht vom Tisch ist – auch nicht in den westlichen „modernen" Gesellschaften. Nun begegnet uns in der islamischen Frau, die das Kopftuch trägt, eine Position, die ohne Umschweife die Verschiedenheit der Geschlechter betont. Diese Betonung von Unterschieden rührt also an einen allergischen Punkt in der westlichen Debatte:

Die Feministinnen werden provoziert, weil ihre Politik widersprüchlich ist: Auf der einen Seite fordern sie Gleichheit ein, aber zugleich betonen sie auch die Differenz. Die Traditionalisten werden provoziert, weil die meisten zwar im Prinzip für die Gleichstellung der Geschlechter sind und die Mehrzahl auch eine paritätische Aufteilung der Hausarbeit befürwortet, sich aber tatsächlich kaum jemand daran hält und so in aller Regel die geschlechtsspezifische Arbeitsteilung im Privaten wie im Beruf aufrechterhalten bleibt (Weidenfeld und Korte 1991). Es herrscht also eine weit verbreitete Gleichberechtigungsrhetorik, die in einem deutlichen Gegensatz zur Realität steht. Je größer nun diese Kluft zwischen Anspruch und Wirklichkeit desto mehr muss den anderen gegenüber die eigene Fortschrittlichkeit unter Beweis gestellt werden.

Zur „Ehrbarkeit" der Frauen

Die islamische Frau mit dem Kopftuch steht aber nicht nur für die Geschlechtersegregation, sondern auch dafür, die Würde der Frau zu verteidigen. Dies hat eine lange – auch abendländische – Geschichte, da die „Ehrbarkeit" der Frau über Jahrhunderte ein Medium patriarchalischer Herrschaft war, um die Frauen unterschiedlichen Statussystemen zuzuweisen und sie damit gegeneinander auszuspielen. Gerade weil Frauen vielfach keinen eigenständigen Zugang zu gesellschaftlichen Ressourcen und Klassenprivilegien hatten, sondern dieser vielfach über Männer vermittelt war und ist, stehen sie in Konkurrenz untereinander, wie Gerda Lerner (1991) in ihrer Analyse patriarchaler Gesellschaftssysteme zeigt. Diese Konkurrenz zwischen Frauen wird im wesentlichen darüber geführt, welche Frauen als „ehrbar" gelten und welchen Frauen der Status der Außenseiterin als „öffentliche" Frau zugewiesen wird. Die verschiedenen Praktiken der Verschleierung haben deshalb vielfach die Funktion, den Rang in dieser frauenspezifischen Statushierarchie zu signalisieren und ihre „Ehrbarkeit" auszudrücken.

Die Respektabilität von Frauen wird jedoch heute im westlichen Diskurs nicht mehr in dieser Form thematisiert. Aber sie kommt in vielen anderen Debatten zum Ausdruck, so in der Diskussion um Gewalt gegen Frauen, um sexuelle Ausbeutung und Belästigung, um Fragen der Pornographie und der Anerkennung von Prostitution als „normalem", d. h. „ehrbarem" Beruf. Viele islamische Frauen, die auch in westlichen Ländern sich für das Kopftuch entscheiden, begründen das u. a. damit, dass sie dann als Frau mehr respektiert und vor sexistischen Übergriffen sicherer seien (Karakasoglu-Aydin 1997). Damit sprechen sie auf ihre Weise das Thema an. Denn auch in der westlichen Kultur geht es um Fragen der „Ehre", auch wenn man diese gerne den „traditionellen" Kulturen zuschreibt. Dabei ist die westliche Position durchaus auch widersprüchlich zu sehen: So meinten islamistische Frauen in der Untersuchung von Göle (1996: 119): „Im Westen demonstrieren Frauen, indem sie sich schminken und Schmuck tragen, ihre Sexualität in größerem Ausmaß nach außen. Gleichzeitig wird die Sexu-alität dadurch aber geschwächt. Wir machen genau das Gegenteil und halten die Sexualität für bestimmte Situationen vor". Je weniger die Grenzen in der Geschlechterbeziehung nach außen hin symbolisiert werden, desto mehr müssen sie internalisiert werden.

Die sexuelle „Befreiung" hat nicht einfach, wie ursprünglich geglaubt, zu einer größeren Selbstbestimmung der Frau geführt, sondern auch zu einem damals nicht vorstellbaren Ausmaß an Kommerzialisierung und neuen Formen der sexuellen Ausbeutung. Insofern ist dies Thema auch in den westlichen Gesellschaften weit davon entfernt, gelöst zu sein. Auch hier geht es darum zu verhandeln, was die Gesellschaft glaubt, Frauen zumuten zu können. Das wird hier, in einer individualistischen Kultur, jedoch nicht als Frage eines Ehrenkodex diskutiert, sondern im Sinne von Verteidigung individueller Rechte, wie etwa des Rechts auf körperliche Unversehrtheit und auf sexuelle Selbstbestimmung.

Darüber hinaus zeigt z. B. die Diskussion um Pornographie, wie sehr das westliche Emanzipationsmodell ein westliches ist. Denn vielfach schwankt es zwischen einem liberalen Diskurs im Sinne von „Anything goes" und einem puritanischen Diskurs, der die Würde der Frau nur auf Kosten von Sexualfeindlichkeit bewahren zu können glaubt. In diesem Sinne spricht Leila Ahmed (1992) davon, dass das westliche Emanzipationsmodell einem christlichen Modell von Gleichberechtigung verhaftet ist, da im Christentum Frauen nur dann unabhängig sein durften und dürfen, wenn sie zölibatär leben wie die „heiligen Jungfrauen" und Nonnen.

Auch die Tatsache, dass das Geschäft mit sexuellen Dienstleistungen in dieser Gesellschaft die bei weitem größte Branche der Unterhaltungsindustrie darstellt, weist darauf hin, dass es sich hier um ein tabuisiertes und zugleich öffentliches, moralisch höchst widersprüchlich besetztes Thema handelt, wofür das westliche Modell wohl noch keine überzeugenden Lösungen gefunden hat.

24

Zum Geschlechtervertrag

Der Preis, den Frauen im Westen für ihre Emanzipation zahlen müssen, ist also recht hoch – oft setzt sie den Verzicht auf Kinder und Familie voraus oder aber führt zu Doppel- und Dreifachbelastungen. Ein Ausweg aus diesem Dilemma, so meint Nancy Fraser (1996: 492) wäre es, wenn vertragliche Regelungen gefunden würden, in denen gegenseitige Verpflichtungen festgelegt werden, so dass jeder und jede sich entscheiden kann, sowohl Betreuung und Erwerbsarbeit oder jeweils nur das eine oder nur das andere zu machen. Genau diese vertraglichen Regelungen sieht nun der Islam vor, allerdings um den Preis der eindeutigen Festlegung der Geschlechter und dabei der Frau auf den Bereich Familie – ein Konzept, das in dieser Form für die westliche Gesellschaft keine Perspektive ist. Aber der Gedanke des Vertrags wäre jedoch durchaus diskutierbar. Das bedeutet, dass über das Kopftuch Themen angesprochen werden, die in der westlichen Kultur bestenfalls umstritten sind, in der Regel aber gar nicht thematisiert, sondern als ungelöste Konflikte unterschwellig mitlaufen oder direkt tabuisiert sind. Auf alle Fälle werden in einer einfachen Entgegensetzung zwischen der „emanzipierten" westlichen Frau und der „unterdrückten" Muslimin, die Ambivalenzen in beiden Formen des Patriarchats negiert.

Dominanzen zwischen Frauen

Schließlich hat die Kontroverse um das Kopftuch für die westlichen Frauen auch die Funktion, sie in ihrem Selbstverständnis als moderne Frauen zu stärken und damit ihre Privilegierung den nichtdeutschen Frauen gegenüber zu legitimieren. Denn Tatsache ist, dass der berufliche Aufstieg der einheimischen deutschen Frauen in den letzten Jahren zu einem Großteil auf die Unterschichtung durch Migrantinnen zurückzuführen ist. Ihre Emanzipation im Sinne beruflichen Aufstiegs verdanken die einheimischen Frauen also weniger der Aufhebung der Arbeitsteilung zwischen den Geschlechtern, als vielmehr der Tatsache, dass die Einwanderinnen die schlechtbezahlten und untergeordneten Tätigkeiten übernommen haben. Im Bild gesprochen: Die deutsche Putzfrau ist durch die türkische ersetzt worden. Eine solche ethnische Unterschichtung hat in der Regel zur Folge, dass die Privilegierten besonders forciert ihren Machtanspruch geltend machen müssen, da sie ihre Position vor allem ihrer ethnischen Zugehörigkeit und nicht, wie sie selbst glauben wollen, ihrer Leistungsfähigkeit zu verdanken haben. Insofern hat der Emanzipationsdiskurs für die einheimischen Frauen auch die Funktion der Selbstvergewisserung und Distinktion bekommen, denn die Spaltung zwischen einheimischen und eingewanderten Frauen wird wesentlich über den Emanzipationsdiskurs ideologisch abgesichert. Dabei wird Emanzipation mit ethnischer Privilegierung verwechselt und nährt somit die Illusion der Frauen der Mehrheitskultur, dass sie emanzipierter seien als sie tatsächlich sind.

Schließlich symbolisiert das Kopftuch nicht nur eine bestimmte Position zum Geschlechterverhältnis sondern auch zur Religiosität. Eine solch selbstbewusst sich öffentlich zeigende Religiosität – wie eben teilweise der Islam – provoziert, obwohl beziehungsweise gerade weil Religion für viele in Deutschland heute kein Thema mehr zu sein scheint. Vielfach wird davon ausgegangen, dass Religiosität weder privat noch öffentlich in unserer Gesellschaft heute noch eine große Rolle spiele. Im Zuge der Moderne und Postmoderne, so die Annahme, würden sich die Glaubenssysteme immer weiter überleben und unsere säkularisierte Gesellschaft sei der beste Beweis dafür. Dass es jedoch mit der Säkularisierung in dieser Gesellschaft nicht allzuweit her ist, hat spätestens die Auseinandersetzung um das Kruzifixurteil vor einigen Jahren gezeigt, in der argumentiert wurde, dass das Kreuz als Symbol dieser Kultur in jedes Klassen-zimmer gehöre. Auch steht die Macht der christlichen Kirchen in dieser Gesellschaft, z.B. als größter Arbeitgeber im sozialen Bereich, in keinem Verhältnis zur faktischen Religiosität in diesem Land.

Jedenfalls ist heute keineswegs das religiöse Denken und Erleben abgelegt worden. In Deutschland gehören immer noch 90 % der Bevölkerung einer der christlichen Kirchen an. Allerdings sagt dies noch nichts über das subjektive Zugehörigkeitsempfinden aus, das deutlich geringer ist, nämlich bei ca. 50 % liegt (Carsten Wippermann 1998). Dennoch hat fast jeder eine irgendwie geartete Kirchlichkeit, indem er der Kirche zumindest eine rituelle Funktion zuschreibt z.B. im Zusammenhang von Geburt, Heirat und Tod. Die inhaltliche Attraktivität von Religiosität liegt in unserer Zeit auch darin, dass Religion ein Interpretationsangebot liefert, um die Fragmentierungserfahrungen der modernen beziehungsweise postmodernen Gesellschaft zu bewältigen und sich mit Fragen der Transzendenz beschäftigt, die sonst in der Gesellschaft kaum gestellt werden.

Zudem wird das Christentum oft als ein letzter Hort von Menschlichkeit verstanden und somit wird ihm auch eine moralische Autorität zugeschrieben als Gegenmacht gegen eine oft als unmoralisch und egozentrisch empfundene und ungerechte Welt – auch wenn diese moralischen Ansprüche von den christlichen Kirchen selbst nicht eingelöst wurden und werden. Zuweilen steigert man sich in Phantasien hinein, die Religion zum Hort von Geborgenheit und Ursprünglichkeit zu verklären. Diese Nostalgie hat Max Weber eindrucksvoll mit seinem berühmten Wort vom Religionsverlust als einer „Entzauberung der Welt" zum Ausdruck gebracht (wobei er selbst damit allerdings die Rationalisierung der Religion und den Verlust von Magie meinte).

Dies erklärt möglicherweise die Tatsache, dass nur 0,8 % der Deutschen über alle Dimensionen hinweg a-kirchlich sind, d.h. dass sie aus der Kirche ausgetreten sind, sich ihr auch nicht zugehörig empfinden und ihr auch keine lebenspraktische Funktion zuweisen (ebd.: S. 337).

Allerdings hat sich die Form der Religiosität entscheidend geändert. Wippermann unterscheidet zwischen fundamentalistischen Orientierungen, die einen exklusiven Zugang zu einer absoluten Wahrheit annehmen, und alternativ-basischristlichen Bewegungen, die Kirche als Möglichkeit sozialen Engagements und gesellschaftlicher Veränderungen begreifen und schließlich einem pluriformen Christentum, in dem synkretisch unterschiedliche Momente verschiedenster Glaubensrichtungen individuell zusammengebastelt werden, was so eine höchst individualisierte Religiosität ergibt (S. 145).

Zeichen islamischer Religiosität rühren nun an diese unterschwelligen Konflikte und an die Doppelmoral einer Gesellschaft, die sich selbst als säkularisiert versteht, der christlichen Religion aber dennoch auch im öffentlichen Leben einen prominenten Platz zuweist. Aber auch auf der persönlichen Ebene beunruhigen sie, weil sie an Ungeklärtheiten und Unentschiedenheiten rühren und dabei vor allem an den Widerspruch zwischen einem aufgeklärten, säkularen Selbstbild und faktischer formaler und emotionaler Bindungen an Aspekte der Kirche und des Glaubens, die die meisten sich selbst nicht gerne eingestehen.

Die islamische Religiosität konfrontiert die Einzelnen wie die Gesellschaft mit einer anderen Perspektive und zeigt damit, wie christlich diese Kultur noch immer ist. Sie zeigt damit zugleich auch die Grenzen dieser Kultur auf, die sich in ihrer religiösen wie auch säkularen Form als universal und alleinseligmachend begriffen hat und vielfach immer noch begreift.

Insofern gibt es wohl viele Gründe, warum sich Menschen in Deutschland durch eine öffentlich zur Schau gestellte Religiosität von Muslimen provoziert fühlen, denn es werden damit auch vielfältige Konflikte angesprochen, die bei uns selbst verdrängt oder ungeklärt sind. Eine solche Wiederspiegelung von Widersprüchen oder Ungeklärtem kann auch stimulierend wirken. Jedenfalls ist dies eine Hersuforderung, die, wenn sie angenommen wird, zu einer kritischen Selbstreflexion anregen und so zu einer Chance werden kann.

Literatur

Ahmed, Leila (1992) *Women and Gender in Islam. Historical Roots of a Modern Debate.* New Haven & London: Yale University Press.

Fraser, Nancy (1996) Die Gleichheit der Geschlechter und das Wohlfahrtssystem: Ein postindustrielles Gedankenexperiment. In Herta Nagl-Docekal & Herlinde Pauer-Studer (Hrsg.), *Politische Theorie Differenz und Lebensqualität.* Frankfurt/M: Suhrkamp.

Frerich, Petra (1997) *Klasse und Geschlecht 1. Arbeit. Macht. Anerkennung. Interessen.* Opladen: Leske & Budrich.

Göle, Nilüfer (1996) *Republik und Schleier.* Berlin: Babel.

Karakasoglu-Aydin, Yasemin (1997) *"Kopftuch-Studentinnen" türkischer Herkunft an deutschen Universitäten. Impliziter Islamismusvorwurf und Diskriminierungserfahrungen.* Unveröff.Manuskript.

Lerner, G. (1991) *Die Entstehung des Patriarchats.* Frankfurt: Campus.

Pinn, Irmgard , & Wehner, Marlies (1995) *EuroPhantasien. Die islamische Frau aus westlicher Sicht.* Duisburg: Duisburger Institut für Sprach- und Sozialforschung.

Rommelspacher, Birgit (1999) Neue Polarisierungen und neue Konvergenzen. Das Geschlechterverhältnis im Zeitalter der

Globalisierung. In Gert Schmidt & Rainer Trinczek (Hrsg.), *Soziale Welt Sonderband 13 Globalisierung. Ökonomische und soziale Herausforderungen am Ende des zwanzigsten Jahrhunderts.* – (pp. 245–258). Baden-Baden: Nomos.

v. Wahl Angelika, (1999) *Gleichstellungsregime.* Opladen: Leske und Budrich.

Wippermann, Carsten (1998) *Religion, Identität und Lebensführung.* Opladen: Leske & Budrich.

Weidenfeld, W., & Korte, K.-Rudolf (1991) *Die Deutschen. Profil einer Nation.* Stuttgart: Klett-Cotta.

Auf dem Weg zu einem selbstverständlichen Miteinander in einem pluralen Europa
Sabiha El-Zayat

Die Anwesenheit von 3 Millionen MuslimInnen in Deutschland und 20 Millionen Muslim-
Innen in der Europäischen Union[1] als fest verankertem Teil der Wohnbevölkerung ist zu
Beginn des dritten Jahrtausends eine neue, für die meisten europäischen Mehrheitsgesellschaften bisher nicht gekannte Erfahrung. Bis dato gab es kaum kulturelle Vielfalt, religiöse
Pluralität war mehr oder minder auf die konfessionellen Unterschiede innerhalb des Spektrums christlicher Bekenntnisse beschränkt, was jedoch nicht heißen soll, dass es nicht
erhebliche Reibungsflächen gegeben hätte und die streitenden Parteien sich davon hätten
abhalten lassen, sich gegenseitig den rechten Glauben abzusprechen, sich zu bekämpfen und
zu bekriegen.

Bis in die fünfziger Jahre des 20. Jahrhunderts waren interkonfessionelle christliche Ehen
in einigen Teilen Deutschlands wahre Tabuverstöße, die den Beteiligten viele Schwierigkeiten verursachten. Noch im vergangenen Jahrhundert wurden Eheleute aus gemischten Konfessionen auf verschiedenen Friedhöfen beerdigt.[2] In Wohngebieten mit mehrheitlich einer
christlichen Konfession durfte die Minderheit keine gleich großen und hohen Kirchen bauen,
keine öffentlichen Prozessionen abhalten[3] und hatte sich im übrigen devot zu verhalten.

Dies blieb auch nicht auf Europa beschränkt, sondern wurde durch die europäischen Ein-
wandererInnen in die Vereinigten Staaten von Amerika, aber auch nach Australien expor-
tiert.

In Europa immer unterprivilegiert präsent waren die Juden. Die Beziehung der christlichen Mehrheitsgesellschaft zur jüdischen Minderheit war über Jahrhunderte eine ambivalen-
te. Mangelnde gesellschaftliche Akzeptanz, mindere BürgerInnenrechte, z.B. Berufs- und
Niederlassungsverbote, bildeten gegenüber dieser Minderheit ideale Voraussetzungen, Vorurteile und Phobien zu pflegen. Spannungen bestimmten das alltägliche Zusammenleben. Se-
rienmäßig eskalierte diese latente Diskriminierung und äußerte sich in Pogromen, die mit
Vertreibung, Verfolgung und Mord endeten. Wirklich gleichberechtigte BürgerInnen dieser
Gesellschaften waren sie nicht einmal unter den toleranteren Herrschern.

Deutschland und einige andere Teile Europas zeichnen sich heute insbesondere dadurch
aus, dass sie im Gegensatz zu anderen Ländern, eben auch muslimischen Ländern, keine
akzeptierte Tradition multireligiöser Präsenz im allgemeinen und keine Tradition christlich-
muslimischer Koexistenz im besonderen kennen. Obwohl die Schrecken des Holocaust eine
Nation in ihrem Selbstverständnis als humanistische Gemeinschaft von Denkern und
Dichtern erst vor einem halben Jahrhundert hinlänglich erschüttert hat, konnte aus den
Erfahrungen dieser Despotie bisher keine Tradition von gleichwertigem Miteinander erwach-

sen. Koexistenz will hier mehr meinen, als der so häufig benützte und schal und schief gewordene Begriff der Toleranz – denn Toleranz bedeutet ja keineswegs Gleichwertigkeit, sondern allenfalls großzügige bis herablassende Duldung „Fremder" bei Beibehaltung der eigenen Überlegenheitsphantasien. Bloße Duldung ist demnach viel zu wenig für ein friedliches progressives Miteinander, ihr fehlt das entscheidende Entwicklungsmoment in der Gesellschaft. Sie kann allenfalls ein Nebeneinander substituieren, dessen Maßstab das Gerade-Noch-Ertragen auf beiden Seiten ist. Demgegenüber stünde es einer Gesellschaft, die einen Anspruch auf Pluralismus erhebt, gut zu Gesicht, die Verschiedenheit ihrer BürgerInnen nicht als unangenehmen, hoffentlich temporär begrenzten Ist-Zustand, sondern als Bereicherung aufzufassen.

Das Erkennen der Chance und der Notwendigkeit gegenseitigen Austausches, sich ergänzender Fähigkeiten und Ressourcen, sowie die Bereitschaft, eine wechselseitige Förderung als Maßgabe der dialogischen Auseinandersetzung zu begreifen, sollte Richtschnur für neue Handlungsmuster sein. Freilich muss dies erst einmal verstanden, alsdann umgesetzt und ohne Zeitverzögerung der heranwachsenden Generation mitgegeben werden. Wobei letzteres einer besonders behutsamen Herangehensweise bedarf: Ein Erziehungsapparat, der vorschnell gerade erst selbst Erkanntes, den jungen Menschen unter Reproduktionszwang vorsetzt, müsste scheitern. Dies belegen die beklagten Zustände von neuer Ausländer- und Rassenfeindlichkeit deutlich. Nichts geringeres als ein Paradigmenwechsel in der Erziehung wäre notwendig: Eine Neudefinition des Menschenbildes.

Nachgedacht und bejaht werden müsste, dass der Begegnung mit dem „Anderen" ein innovatives und kreatives Potenzial eigen ist, welches diese Begegnung zu einem hervorragenden Instrument der Selbsterkenntnis macht. So kann diese Begegnung nur begrüßt und gefördert werden. Allerdings gibt es für das Gelingen dieser Wechselseitigkeit einige Voraussetzungen.

Ein Dialog, welcher vor dem Hintergrund eines eklatanten Machtgefälles geführt wird, ist kein wirklicher Dialog. Er bedient sich lediglich der positiven Kraft dieses Wortes, macht es jedoch in Kürze zu einer Worthülse!

Selbsterkenntnis geht mit der Bereitschaft, sich selbst zu begegnen, einher. Eine Zunahme an analytischem Nachdenken über die eigenen Widersprüche wäre geeignet, dem Gegenüber, hier den MuslimInnen, dazu zu verhelfen, über zweifelsfrei ebenso vorhandene eigene Widersprüche nachzudenken.

Die latent unterschwellig vorhandene Forderung, der/die Fremde möge doch Toleranz dafür aufbringen, dass seine/ihre Andersartigkeit die Grenzen des Erträglichen strapaziere, impliziert, dass im eigenen ‚Lager' alles in Ordnung sei und es keine wesentlichen Widersprüche gäbe. Dem ist aber keineswegs so. Mit Erstaunen beobachten wir – beim Kruzifix-Urteil in bayrischen Klassenräumen wie generell beim Thema Macht, Rolle und Aufgabe der Kirchen in der Gesellschaft – eine breite Kluft zwischen dem faktischen Verhältnis der BürgerInnen zur Religiosität und dem Anspruch des Staates auf Neutralität. Es wird mit einer

Heftigkeit über Bekenntnisfragen gestritten, die der allgemein beklagten Gleichgültigkeit im religiösen Denken diametral gegenübersteht.

Ein anderes Beispiel betrifft die Frauenbewegung und die Frage nach der Gleichstellung der Frauen mit dem Mann in allen gesellschaftlichen Bezügen. Auch hier wird von der Mehrheitsgesellschaft der Minderheit der Eindruck vermittelt, dass mit dem Festschreiben der Errungenschaften in die Gesetzestexte alles in Ordnung sei. Nur die MuslimInnen ließen es leider immer noch an der nötigen Einsicht fehlen. Kein Seminar, Vortrag, Symposium, gleich zu welchem Thema, ohne dass es nicht bei der Frauenfrage endete. Keine Veranstaltung ohne den zumindest nonverbalen Vorwurf der islamischen Frauenverachtung.[4]

Der – zugegebenermaßen längst überfälligen – gesetzlichen Akzeptanz des Weiblichen steht jedoch in unseren europäischen Gesellschaften eine sexistische Frauenverachtung und eine Zunahme von Gewalt gegen Frauen entgegen. Dies lässt selbst die Fachleute beunruhigt fragen, welche Gründe dafür verantwortlich sein könnten, dass es gerade nach dem langen erbitterten Kampf um ein selbstverständliches Recht auf Gleichheit zu entgegengesetzten Reaktionen in diesem Maße kommen konnte.

Statistiken über Gewalt gegen Frauen innerhalb und außerhalb der Ehe, eine massive Zunahme sexueller Belästigung sowie Sexismus in Schrift und Bild lassen Zweifel an der sogenannten „Befreiung der Frau" aufkommen.

Wenden wir uns den MuslimInnen in Europa zu und fragen sie, wie es dort mit Selbstreflexion und Selbstkritik aussieht, so zeigt sich hier kein positiveres Bild. Im allgemeinen wird die irrige Auffassung vertreten, für alle Probleme hätten wir MuslimInnen eine Patentlösung. Im Besitz einer authentischen göttlichen Offenbarung, bedürfe es der Reflexion dieses Gotteswortes nicht . Die Tore des Igtihad[5] könnten ruhig weiter geschlossen bleiben, des usu-l-igtihad, der Methode der Reflexion, bedürfe es nicht. Es sei schon alles gesagt und nur ein ungerechtes Schicksal und die machtvollen Gegner verhinderten die Wiederkehr des goldenen Zeitalters.

Vielleicht werden die MuslimInnen unglücklicherweise hierin bestärkt, da sie seit langer Zeit nicht oder nicht ausreichend gefordert sind, gesellschaftliche Systeme, besonders das Rechtssystem auf der Basis dieser Reflexion zu gestalten. Die legislative Tätigkeit der Muslim-Innen beschränkt sich in vielen Rechtsgebieten auf das Übernehmen aus anderen Rechts- und Gesellschaftssystemen. Gleichzeitig wird eben dieses (selbst angewandte) Verfahren abgelehnt, obwohl es faktisch vorhanden ist. Auch der dynamische Grundsatz maslaha/ istihsan (Gemeinwohl, im Interesse der Gemeinschaft, Gutdünken), der als Rechtsfindungsinstrument seit der Zeit des Gesandten bekannt ist, wird kaum an relevanter Stelle bemüht.

Um nochmals auf die Frauenfrage bei den MuslimInnen zurückzukommen. Es gibt in muslimischen Familien wie in der Gesamtgesellschaft Marginalisierung, Unterdrückung und Diskriminierung von Frauen. Sie ist genau so Unrecht und verachtenswert wie überall. Sie muss bekannt und bekämpft werden. Unrecht muss benannt werden, gleich, von wem es ausgeht. Doch diese Frauenverachtung existiert eben nicht als Teil der religiösen Grundlagen, wohl jedoch als Folge tradierter Geschlechterrollen, die ihren Ursprung gerade nicht in der islamischen Lehre haben und nicht im Verhalten des Ersten der islamischen Gemeinde, des Gesandten Muhammad.

Die Frage, die sich für die europäischen MuslimInnen stellt, oder besser gesagt die Anfrage würde lauten: Inwieweit ist die Mehrheitsgesellschaft bereit, innerislamische positive Entwicklungen wohlwollend zu begleiten, und Forschungsinstrumente zuzulassen oder gar mitzutragen, die diese Entwicklung fördern? Hier gilt es vertrauensbildende Maßnahmen durch einen Dialog ganz neuer Art in Angriff zu nehmen.

Viele ZeitgenossInnen sind der Meinung, dies könne nie gelingen. Angesichts einer Zunahme an Rechtsradikalität, Ausländerfeindlichkeit und Antisemitismus wird bekanntlich Besonnenheit und Aufbauarbeit in den Hintergrund gedrängt. Ein Blick in die Geschichte könnte uns jedoch Hoffnung machen. Was waren die Voraussetzungen und Bedingungen dafür, dass es doch funktionierte, und zwar über lange Zeiträume, und dass die Zusammenarbeit doch mehr war als ein reibungsarmes Aneinander(vorbei)leben? Wie waren das maurische Andalusien und das muslimische Sizilien über Jahrhunderte möglich? Wir sollten bedenken: Das Wort fruchtbarer Dialog ist zunächst nur ein Wort. Worin aber begründete sich diese „Fruchtbarkeit"? Sie ist durchaus wörtlich zu verstehen: Gesundes wirtschaftliches Wachsen war die Frucht einer geistigen Blüte. Eine reiche Ernte konnte eingebracht werden, dank einer angstfreien und positiven Einstellung zu anderen Ethnien und Glaubensgemeinschaften. Dies ist mehr, als dem anderen gelegentlich zuzuhören, mehr, als das Gewähren von Grundrechten aus Scham, die eigenen verbrieften Grundsätze allzu oft und allzu offensichtlich zu verletzen. Heute gilt es gemeinsam zu ergründen, welcher Geist dies ermöglichte; wie gesagt, es muss ein gemeinsamer Geist gewesen sein.

Friedrich der II., christlicher Kaiser des Heiligen Römischen Reiches Deutscher Nation sprach das Arabische als Sprache seiner Heimat. Heute würden wir sagen als seine Muttersprache. Er setzte hohe muslimische Verwaltungsbeamte ein und zeichnete sich durch seine Bereitschaft aus, Neues und Fremdes zu prüfen und ggf. anzunehmen, selbst wenn es aus Feindeshand stammte.[6]

So erklären sich denn die erstaunlichen Darstellungen von orientalischen Alltagsszenen und koranischen Offenbarungstexten auf dem Kaisermantel[7]. Wir erkennen hier bereits eine der notwendigen Bedingungen für gemeinsame Entwicklungen, die es heute mit der Lupe zu suchen gilt: Annehmen können, was nützlich, positiv und förderlich ist, und zwar für beide Seiten, für alle, für die gesamte Bürgerschaft. Schauen wir uns auch ein muslimisches Beispiel an:

Der Kalif 'Umar übernahm das byzantinisch-persische Verwaltungssystem mit samt seinen Beamten und Listen (Diwan) in der Originalsprache, ohne zu befürchten, dadurch könne die eigene Überzeugung an Substanz verlieren.[8]

Einen ähnlich gelassenen und souveränen Umgang der Kulturen und Religionen gilt es wieder anzustreben.

Auch Friedrich der Große, der preußische König und Freigeist, war ein Förderer von Multikulturalität und einer der ersten, die sich für ein islamisches Gemeindeleben in Deutschland eingesetzt haben. Sein berühmtes Königswort von 1756 lautete in Bezug auf die MuslimInnen des Osmanischen Reichs: „Und wenn die Türken kommen, so werden wir Moscheen für sie bauen". Heute einen Bauamtsleiter auf diese großzügige Geste anzusprechen, erntet meist Ablehnung und Unverständnis, heute sind wir viel weiter ....

Die Jahrhunderte alte Beziehung zwischen dem Islam und der abendländischen Welt, angefangen etwa mit der Begegnung zwischen dem Khalifen Harun Ar Raschid und Kaiser Karl dem Großen bis zur Beziehung zwischen dem Hause Habsburg und der Hohen Pforte, hat eines nicht vermocht: Eine Tradition muslimischen Lebens in Europa zu begründen. So sehr wir diese Tradition auch beschwören, sie kann nur an einigen historischen Bauwerken, wenigen literarischen Zeugnissen und noch geringeren Schauplätzen der Geschichte mühsam festgemacht werden.

Im Gegenteil, Europa fühlte sich durch die Anwesenheit starker muslimischer NachbarInnen über Jahrhunderte in seinem Bedürfnis nach Sicherheit und homogener Geborgenheit in Frage gestellt. Erst in diesem Jahrhundert hat sich dies in einigen Länder bereits vor, in einigen Ländern nach den Weltkriegen ganz allmählich verändert.

Die Anwesenheit der muslimischen Minorität wirft zu Beginn des neuen Jahrtausends überall in Europa Fragen auf, für die es keine fertigen Antworten und Lösungen gibt. Sie können aber nicht dadurch aus der Welt geschafft werden, dass wir uns weigern, sie anzugehen. Sie verschwinden schon gar nicht durch den immer noch heftigen Wunsch vieler ZeitgenossInnen, die MuslimInnen mögen „verschwinden".

Die scheinbare Überwindung von Religion (Hegel: „Gott ist tot") und das Entfernen von öffentlicher Religiosität zum Zwecke der Tabuisierung von Glauben, ist durch die Anwesenheit praktizierender MuslimInnen in unserer Gesellschaft irritiert, um nicht zu sagen, in Frage gestellt. Wir leisten uns den Luxus einer gut ausgepolsterten verschriftlichten Glaubensfreiheit und sehnen uns doch danach, die Religion „herauszuhalten" aus dem öffentlichen Leben. Den einen ist sie zu gefährlich, den anderen zu wertvoll, um im gesellschaftlich-politischen Tagesgeschäft diskutiert zu werden.

Europa hat mit Erstaunen registriert, dass die Vorstellung, mit der Moderne und jetzt mit der Postmoderne habe sich das Problem Religion gelöst, nicht Realität geworden ist.

Die Säkularisation, deren Begrifflichkeit und Definition bisher nicht einmal ausreichend umrissen ist, galt als Garant hierfür, auch wenn die Kruzifix-Diskussion in Bayern sowie die von der CDU initiierte Debatte über die Leitkultur beweisen, dass das Verhältnis zwischen Staat und Kirche nicht stringent geklärt ist.

Die staatliche Förderung religiöser Organisationen und Institutionen (Kirchen und kirchlicher Einrichtungen, wie Kindergärten, Schulen, Krankenhäusern, Orden und anderer sozialer Einrichtungen), die Erhebung der Kirchensteuer durch den Staat, die Einrichtung von Militärseelsorgern[9], das Unterhalten von theologischen Lehrstühlen zur Ausbildung von

TheologInnen und ReligionslehrerInnen usw. belegen deutlich, dass die religiöse Neutralität des Staates (Wertneutralität) und die Trennung von Staat und Kirche nicht durchgehend praktiziert werden (kann). Mit Bezug auf die unterschiedlichen Ausprägungen der Säkularisation innerhalb Europas lässt sich auch zeigen, dass Termini wie Säkularismus, Nation, Laizismus und Aufklärung nicht ohne ihren historischen Hintergrund gedacht werden können, sondern vielmehr gewachsen und somit Produkte der Geschichte sind. Sie waren auch in der Vergangenheit einem Wandel unterlegen. Warum sollte sich also nicht auch in Zukunft unsere Auffassung von Säkularisation und Moderne in Europa wandeln und verändern?

In der Fragestellung, ob MuslimInnen denn überhaupt rechtsstaatsfähig seien, spiegelt sich eine kulturzentristische Denkart wieder, die an der Bereitschaft zum dauerhaften Zusammenleben zweifeln lässt und auch daran, dass MuslimInnen ihre Persönlichkeitsrechte selbstverständlich zugestanden werden. MuslimInnen hören immer wieder gebetsmühlenartig den phobischen Vorwurf, dem Islam fehle die Aufklärung, ohne welche moderne zivilisatorische Errungenschaften, die heute als europäische Standards betrachtet werden, nicht erreicht würden.

Gerade hier ist ein neues Überdenken notwendig! Zur Verwirklichung des Zukunftsprojektes Europa ist es unabdingbar, endlich einzusehen, dass die Zeit der Interpretationsmonopole abgelaufen ist. Es gibt weit mehr als ein Konzept für Gerechtigkeit, Freiheit oder Gleichheit. Eine pluralistische Gesellschaft benötigt gegenseitigen Respekt und die Bereitschaft, konstruktive Beiträge, unabhängig von der Person, ihrer Herkunft oder Religion als solche zu erkennen und zu bewerten.

Es muss möglich sein, verschiedene Optionen für Vorstellungen von Familienleben, Erziehungszielen, von Wohlbefinden und Glück, Religiosität und sozialer Organisation offen zu halten und zu leben. Und es gilt, sich zu verabschieden von der Schizophrenie, Vielfalt und persönliche Freiheitsrechte zu beschwören, sich jedoch heimlich geklonte Einheits-EuropäerInnen zu wünschen. Verschiedene Optionen und Modelle müssen sich in einen übergeordneten politischen, sozialen und auch juristischen Konsens einpassen ohne den erbarmungslosen Zwang des Angepasstseins. Dieser Konsens ist allerdings Verhandlungs- und Beratungssache und darf nicht mehr länger unter Ausschluss bestimmter Anteile der Gesellschaft auf der Basis einer nationalen Identität gesucht werden.

Die Fähigkeit, vorurteilsfrei zuhören zu können und die anderen in ihrer Andersartigkeit zu verstehen und anzunehmen, spielt hierbei eine ebenso große Rolle wie die Bereitschaft, die eigene Auffassung nicht als Maß aller Dinge zu betrachten und somit einer kulturzentristischen Betrachtungsweise Vorschub zu leisten. Dies gilt genauso für NichtmuslimInnen wie für MuslimInnen Die Minderheit kann dabei vielleicht auf einen höheren Erfahrungswert zurückgreifen. Das tägliche sich Einlassen auf eine dominante Mehrheit hat, ob gewollt oder nicht, oft normativen Charakter.

Wir erleben gemeinsam eine ungeheure Zunahme an Problemfragen. Zu nimmt auch die

Häufigkeit und Schnelligkeit, in der sich Probleme duplizieren. Diese haben wir als Menschheit gemeinsam zu verantworten, da wir für ihre Verursachung zeichnen.

Ein täglich erlebtes Beispiel sei zum Abschluss erwähnt: Heute nehmen 15% der Weltbevölkerung 85% der Weltressourcen, insbesondere Wasser und Energie für sich in Anspruch, wohl wissend, dass dies zu einer ökologischen, wirtschaftlichen und sozialen Katastrophe führt, welche die Lebensgrundlagen aller Menschen vernichten wird. Das Bewusstsein über die Notwendigkeit eines nachhaltigen Wandels in den Bereichen regenerativer Energien, einer gerechten Wasserverteilung, eines deutlich reduzierten Naturverbrauchs, des Umweltschutzes, der Frage der CO_2 Emmission und der Frage des Klimaschutzes ist fundamental für das Überleben der Menschheit im kommenden Jahrhundert. Besonders gefordert sind hier vor allem die Länder des Nordens, die durch ihre Ressourcen ungeheure Machtfülle innehaben. Sie müssen von ihrer Macht abgeben, um im Interesse eines Erhalts des Ganzen die uns nur zum Nießbrauch von Gott anvertraute Schöpfung zu retten.

Prof. Ernst Ulrich von Weizsäcker schreibt in seinem bemerkenswertem Buch mit dem Titel ‚Faktor 4‘ über die Notwendigkeit von Suffizienz und Effizienz: Unter „Suffizienz" versteht er die Förderung von grundsätzlich reduziertem Konsumverhalten. Dies ist seiner Ansicht nach unabdingbare Voraussetzung für eine nachhaltige Verbesserung der heutigen Situation. Unter „Effizienz" versteht er vor allem die Nutzung erneuerbarer Energieformen und in fünfzig konkreten Beispielen stellt er vor, wie bei doppelter Effizienz und halbiertem Naturverbrauch eine um den Faktor vier verbesserte Nutzung von Energie vorgenommen werden kann.

Wir werden diese realen und drängenden Probleme nicht angehen können, wenn es uns nicht gelingt, uns über die Fragen eines positiven Zusammenlebens zu einigen. Es ist ganz unvorstellbar, dass Länder, in denen die Gesellschaft einen Großteil ihrer Kräfte und Ressourcen verbraucht, um andere fernzuhalten, auszuschließen oder zu ghettoisieren, in der Lage wären, Konsens in den wirklichen (Über)Lebensfragen zu finden.

Anmerkung

1   *Zahlen des Statistischen Bundesamts Wiesbaden 2000 und des Islam* Archivs Bremen 2000

2   *Religion im Kontext, Arbeitsbuch Religion*: Freunde in der einen Welt Schuljahr 5/6 Patmos Verlag

3   Die Kirchen wurden in ihrem Grundriss der Notwendigkeit angepasst, die Prozessionen innerhalb des Kirchengebäudes durchführen zu müssen.

4   Etwa der häufig zu hörende Kommentar: „Man sieht es doch, sie trägt ein Kopftuch, sie ist unterdrückt".

5   Igtihad aus der arabischen Wortwurzel c h d = sich (äußerst) anstrengen, im Rechtsdenken: zu einer befriedigenden und befriedeten Lösung eines Problems durch Reflexion genuin islamischer Texte zu gelangen.

6   siehe auch: *Die Araber in Europa*, Stuttgart

7   siehe Sigrid Hunke: *Kamele auf dem Kaisermantel*, 1989

8 Aus einem anderen Blickwinkel betrachtet, eröffnet dieses Beispiel die Möglichkeit, darüber nachzudenken, dass der Islam kein starres, nicht zu veränderndes, vorgeschriebenes Gesellschaftsmodell kennt.

9 *Die Kirche und unser Geld*: Horst Herrmann 1986

Über die Fähigkeit der britischen Gesellschaft Unterschiede zu leben: Vom Alltag der Muslime in der Schule und am Arbeitsplatz – ein Bericht der "Islamic Human Rights Commission"
Arzu Merali

Die unabhängige „Islamische Kommission für Menschenrechte" (IKMR) ist seit 1997 in Großbritannien aktiv als Dachorganisation für Menschenrechtsprojekte, die ein weites Aufgabengebiet umfassen, darunter Kampagnen für die Freilassung von politischen Gefangenen, Beobachtung von und Reaktion auf Medien, Überwachung der Wahlen zum britischen Unterhaus oder Kampagnen gegen illegale Adoption von Kindern.

Die Mehrzahl der Projekte war international ausgerichtet oder hatte trotz der Basis im Vereinigten Königreich ein internationales Element. Aber zunehmend wurden wir von Muslimen aus dem Vereinigten Königreich angesprochen, die sich der Diskriminierung und der Feindseligkeit ausgesetzt sahen. Das führte uns dazu, in unserer Erhebung über Unterstützer für die Jahre 1998 bis 2000 die Frage zu stellen, ob der/die Befragte irgend eine Diskriminierung oder Feindseligkeit aus der Tatsache, Muslim zu sein, erfahren hatte. Die im Februar 2000 veröffentlichten Ergebnisse waren verblüffend. Im Jahr 1998 antworteten 35% der Befragten mit Ja, im Jahr 1999 antworteten 45% positiv. In beiden Jahren erreichte die Anzahl der Frauen, die von derartigen Diskriminierungen berichteten, beinahe 50%.

Es sollte angemerkt werden, dass viele Menschen muslimischer Herkunft in der britischen Gesellschaft aufgewachsen und vollständig in ihr integriert sind und vielleicht niemals einer einzigen schlechten Erfahrung aufgrund ihres Glaubensbekenntnisses ausgesetzt waren. In der Tat würden sich einige der eifrigsten Aktivisten der IKMR im Vereinigten Königreich zu dieser Gruppe zählen. Wie einer dieser Aktivisten jedoch kürzlich anmerkte, sind die Berichte der IKMR und anderer über Vorurteile gegenüber dem Islam heilsame Erinnerungshilfen für die Gesellschaft hinsichtlich der allgegenwärtigen Gefahren des Extremismus und der Fremdenfeindlichkeit.

Aufgrund des Untersuchungsberichts wurde uns deutlich, dass man zunächst klären muss, was gegenwärtig von den tragenden Kräften der Gesellschaft als muslimische Identität verstanden und weitergegeben wird, bevor Fragen nach der Rolle der Muslime als einer Gemeinschaft innerhalb der Gesellschaft sowie nach den Auswirkungen einer ‚neuen' Identität auf die Theorien von Integration und Chancengleichheit gestellt werden können.

Was ist Verschiedenheit? Konflikte bei der Wahrnehmung von muslimischer Identität

Der Titel dieser Diskussion legt eine klare und verständliche Identifizierung der Muslime als einer kulturellen und/oder religiösen Gruppe innerhalb der Gesellschaft des Westens nahe.

Diejenigen, die in unterschiedlichem Grade solche Aspekte ihres Glaubens leben, die Einfluss auf ihr öffentliches Auftreten haben, sind selbstverständlich am sichtbarsten und daher den Vorurteilen eines von Herrn Bielefeldt gut herausgearbeiteten ideologischen Säkularismus am meisten ausgesetzt. Folglich wird muslimischen Frauen, die sich entschieden haben, ein Kopftuch zu tragen, oftmals die Anstellung verwehrt, oder sie werden sogar gezwungen, das religiöse Kleidungsstück abzulegen. Dieses Szenario kann als Mangel an Toleranz, Mangel an Verständnis oder sogar als Bekehrungsversuch zu einer nicht-muslimischen Kultur säkularer, christlicher oder anderer Art aufgefasst werden. Wie einige der anschließenden Fallstudien skizzieren, hat die IKMR herausgefunden, dass es nicht nur – wie in diesem Beispiel – der sichtbare Unterschied ist, der zu einem Bruch in der öffentlichen Sphäre geführt hat, noch ist es nur der eher subtile Konflikt über bestehende, aber weniger offensichtliche ideologische Unterschiede. Vielmehr gibt es ein erschütterndes Maß an Vorurteilen gegenüber allem oder jedem, das – in Ermangelung eines besseren Ausdrucks – „muslimischer Potenzialität" gezieen wird.

Die IKMR ist nicht der einzige oder ausschließliche Anwalt für die Aufdeckung antimusli-mischer Gesinnungen oder der Islamfeindlichkeit als einer mächtigen und sehr realen Kraft innerhalb der Gesellschaft. Der 1997 erschienene Bericht des Runnymede Trust über Islamfeindlichkeit zielte darauf, eine Diskussion über den Umgang mit gesellschaftlichen Vorurteilen einzuleiten, deren Befunde Parallelen zum Antisemitismus der ersten Hälfte des Jahrhunderts aufweisen.

Stattdessen haben wir drei Jahre lang Debatten darüber erlebt, ob ein solches Phänomen überhaupt existiert. Bei der Veröffentlichung des Berichts des Runnymede Trusts über Islamfeindlichkeit im November 1997 erklärte der Innenminister, der Right Honourable Jack Straw, öffentlich, dass er erst noch davon überzeugt werden müsse, dass so etwas wie Islamfeindlichkeit überhaupt existiere. Die im Bericht zitierten Beispiele zentrierten sich deutlich um stereotype und muslimfeindliche Vorstellungen, die die Art und Weise, wie Muslime an Schulen oder bei der Arbeit behandelt werden, beeinflussten.

Wie die Dinge stehen, scheint die Alternative „Säkularisierung" oder „rechtliche Diskriminierung" zu sein. Die folgenden Fallstudien zeigen jedoch, dass dies keine Möglichkeit für Muslime bietet, eine Teilhabe an der Gesellschaft zu erreichen.

Konflikte im Ausbildungsbereich

Im Bericht der „Islamischen Kommission für Menschenrechte" werden folgende Bereiche der Diskriminierung in der Ausbildung belegt:

–   Bürgerrechte: der Ausschluss von oder die Diskriminierung innerhalb von Ausbildungs-einrichtungen wegen der Ausübung religiöser Vorschriften.

- Religiöse Schikane: Ausschluss von intellektueller Teilnahme infolge einer Identitäts-politik,
- Mangel an Richtlinien und Vorgehensweisen: das Fehlen amtlicher Richtlinien im Zu-sammenhang mit der ausbleibenden Gesetzgebung und den Anomalien studentischer Vertretung.
- Das Verüben krimineller Akte: verbaler oder gewaltsamer Missbrauch durch Erzieher oder Schüler- und Studentenvertreter.

Andere Formen von Diskriminierung – besonders hinsichtlich der staatlichen Unterstützung muslimischer Schulen – existieren, bleiben aber in diesem Bericht unberücksichtigt.

Die Beispiele umfassen Ausschluss von und negative Berichterstattung über Studenten; Ausschluss wegen der Kleidung; unzulänglicher Rat bei Fragen der Berufswahl und Zweifel an intellektuellen Fähigkeiten aufgrund der religiösen Einstellung. Die extremsten Fälle handeln von Gewalt gegen Schüler und Studenten von der Grundschule bis zur Universität, gelegent-lich sogar von Lehrern und Erziehern verübt.

Gegenwärtig werden einige Aspekte von Diskriminierung durch den Begriff der indirek-ten Diskriminierung im Gesetz über ethnische Zugehörigkeit abgedeckt. Kriminelle Gewalt-akte können als solche verfolgt werden, jedoch ohne dass der erschwerende Faktor religiöser Motivierung zusätzlich in Betracht gezogen würde – ein Thema, das Gegenstand intensivster Lobbyarbeit bei der Vorbereitung der neuesten Zusätze zu rassistisch motivierten Gewalttaten war. Aufforderungen, die religiöse Motivierung ebenfalls aufzunehmen, wurden missachtet (Anm.). Dies muss mit Nachdruck erneut vorgebracht werden.

Die unten aufgeführten Fälle unterstreichen die Art der religiösen Schikane und die Notwendigkeit einer Gesetzgebung zur Verhinderung des Ausschlusses von Schülern und Studenten. Vom Amt für Bildung und Arbeit (Department for Education and Employment DfEE) müssen gleichermaßen klare und unmissverständliche Richtlinien und Handlungs-anweisungen herausgegeben werden, die von Schulen und lokalen Ämtern nicht absichtlich vernachlässigt werden können, damit festgesetzte Ansprüche und eine institutionalisierte Praxis von islamfeindlicher Diskriminierung beendet wird,. Das Fehlen von Richtlinien und Regeln, Handlungsanleitungen und Gesetzen, zwingt die Studenten dazu, vor Gericht zu gehen – eine zusätzliche Last für jemanden, der einfach nur seine Ausbildung ungehindert fortzusetzen wünscht. Dem kann nur durch ein klares und sofortiges Eingreifen durch das DfEE begegnet werden.

BÜRGERRECHTE

Die Durchführungs-Richtlinien zur Beseitigung von Diskriminierung im Ausbildungssektor decken bereits mittels des Rechtsgrundsatzes der indirekten Diskriminierung im Anti-Diskriminierungs-Gesetz Formen des Ausschlusses ab, die die religiöse Praxis von Schülern und Studenten betreffen. Wie weiter unten gezeigt wird, sind diese Vorkehrungen weitgehend unbefriedigend, aber es gibt wenigstens geringe Regressansprüche für diejenigen, die durch diskriminierendes Verhalten geschädigt worden sind. Die hier zitierten Fallstudien von Tanvir, Hannah und der W. Foundation fallen in diesen Bereich. Das bestehende Gesetz wurde in dieser Hinsicht den Schulen nicht klar vermittelt. Kinder und deren Familien, wie auch Studenten werden gezwungen, einen Prozess anzustrengen, nachdem eine interne Beilegung gescheitert ist – nicht, um zu beweisen, dass sie diskriminiert worden seien, sondern damit eine derartige Diskriminierung vom Gesetz anerkannt wird.

Tanvir wurde in einer Abschlussklasse („Sixth Form") für Jungen aufgenommen, die Teil einer höchst erfolgreichen subventionierten Schule im Süden von London war. Anlässlich seiner Aufnahme und seines erfolgreichen Erstgesprächs, wurde vom Direktor der Abschlussklasse darauf hingewiesen, dass die Verfahrensweise der Schule für die Aufnahme von Tanvir, einem wirklich ausgezeichneten Schüler, geändert werden müsse. Die fragliche Verfahrensweise bestand darin, dass den Schülern nicht erlaubt war, einen Bart zu tragen. Nach dem Gesetz über ethnische Zugehörigkeit wäre dies als eine diskriminierende Praxis ausgewiesen gewesen, wäre Tanvir ein Sikh, ein Jude oder ein Rastafari gewesen, doch in dieser Schule vertraute man darauf, dass dies auf Tanvir nicht zutraf.

„An meinem ersten Tag in der Schule wurde mir am Tor gesagt, dass ich mit einem Bart nicht hineingehen könnte. Mir wurde gesagt, ich solle ohne Bart wieder kommen. Als wir den Rektor darauf ansprachen, wurde die ganze Sache ekelhaft. Es wurde uns gesagt, dass sie in meiner alten Schule weitere Erkundigungen eingezogen haben, die ergeben hätten, dass ich schlecht erzogen sei und deshalb nicht länger in der Abschlussklasse willkommen sei. ... Als die Schulbehörde endlich unseren Einspruch verhandelte, waren zweieinhalb Monate verstrichen. Unserem Einspruch wurde stattgegeben. Unser Rechtsbeistand erklärte, dass ihr Ver-fahren vor dem Gesetz als indirekte Diskriminierung anzusehen sei. Der Rektor war bei dem Treffen anwesend und er verweigerte die Annahme des Spruchs. Aber er musste akzeptieren, dass sie mich am ersten Tag ohne den Bart in die Schule hätten gehen lassen, die Behinderung hatte mit keinem wie auch immer gearteten früheren Verhalten zu tun. Zwei Tage später erhielten wir ein Schreiben, in dem stand, wir hätten den Fall gewonnen. Für mich war es allerdings zu spät, die Abschlussklasse zu wechseln.

Mir wurde gesagt, dass ich möglicherweise eine Entschädigung bekommen würde für das Leiden und die Umstände, die es mit sich bringt, so weit weg in die Schule gehen zu müssen. Aber ich wollte keinen Kampf. Ich wollte nur einen muslimischen Bart tragen. In dem Brief stand, dass die Schule ihre Verfahrensweise geändert habe. Wir hielten zumindest das für ein gutes Ergebnis. Später hörten wir, dass ein anderer Junge gehindert wurde, sich einen Bart wachsen zu lassen. Ich weiß nicht, was passiert ist, aber der Rektor kündigte kurz danach. Er ist jetzt der Rektor meiner alten Schule."

Der folgende Fall ereignete sich an einer von drei Privatschulen einer Stiftung, die muslimische Schülerinnen daran gehindert hat, ein Kopftuch zu tragen. Der Briefwechsel zwischen der ehemaligen Rektorin der Schule und den Eltern der elfjährigen Hannah Smith zu Beginn des siebten Schuljahres verdeutlicht, dass am oberen Ende des Ausbildungsspektrums zunehmend restriktive Bekleidungsvorschriften als Maß für die gesellschaftliche Toleranz stehen.

Hannah ging in den ersten Tagen mit einem Kopftuch zur Schule und wieder nach Hause – weder sie noch ihre Eltern fanden es notwendig, dass sie es auch in der Schule trüge. Dennoch tauchten Probleme auf, wie der folgende Briefwechsel zeigt:

> „Sehr geehrte Miss H.,
> Ich wende mich an Sie wegen eines Zwischenfalls, der gestern unserer Tochter Hannah Smith begegnete. Sie konnte die provisorische Bushaltestelle nach Hause nicht finden ... und kehrte zur Schule zurück, von wo ihre Mutter benachrichtigt wurde, um sie abzuholen. Anschließend wurde ihr von der stellvertretenden Rektorin gesagt, dass es nicht erlaubt sei, zur Schuluniform ein Kopftuch zu tragen und diese Neuigkeit wurde ihr so rüde vermittelt, dass sie ganz außer Fassung geriet. Es wurde ihr gesagt, dass sie von den anderen Mädchen ausgelacht werden könne, weil sie eines trüge, und dass sie außerdem damit außerhalb der Schule unnötige Aufmerksamkeit auf sich zöge.
> Sie hat jedoch von anderen Mädchen Komplimente bekommen und sie wurde gefragt, warum sie es nicht auch in der Schule trüge. (...) Weil die Schule keine Kopfbedeckung als Teil der Schuluniform vorsieht, die für muslimische Mädchen tragbar wäre, haben wir bewusst ein Tuch ausgewählt, das zur Uniform passt und dem Stil insgesamt angemessen ist. Wenn es jedoch eine besondere Richtlinie für die Tücher muslimischer Mädchen gibt, könnten Sie uns diese bitte baldmöglichst übermitteln ...“

Die Antwort lautete:

> „Sehr geehrter Herr Smith, sehr geehrte Frau Smith,
> ... In unserer Schule tragen Mädchen keine Kopftücher. Es ist nicht Teil unserer Gewohnheiten und wir erlauben sie weder in noch außerhalb der Schule. Würden Sie bitte darauf achten, dass Hannah in Zukunft kein Kopftuch mehr trägt. Wenn sie die Abschlussklasse besucht und ein erwachsenes Mädchen ist, dann kann sie selbst entscheiden, ob sie außerhalb der Schule eines tragen will, aber wir glauben, dass es besser sei, wenn alle jungen Mädchen gleich sind. Wir haben viele muslimische Mädchen hier, und viele bleiben mit uns in Verbindung, nachdem sie die Schule verlassen haben ...“

Im folgenden Jahr hatte eine andere Schülerin ein ähnliches Problem. Sie wollte ihr Tuch auch in der Schule tragen und bat um einen Bereich, in dem sie täglich für einige Minuten beten könne. Nach einigen Erläuterungen über indirekte Diskriminierung, informierte die gegenwärtige Direktorin die IKMR über die Änderung der Vorgehensweise der W. Stiftung, die sowohl in den Jungen– wie den Mädchenschulen wirksam werde. Die Behörde entschied:

> „Die Eltern sollten angewiesen werden, dass an den Rektor der Schule eine Anfrage gerichtet werden sollte, dass der Schüler sich mit der klaren Darlegung der Sache befasst. Der Rektor wird die Anfrage in Erwägung ziehen und – wenn es angemessen erscheint – den Vorstand der Stiftung darum ersuchen, ihn bei einem Treffen mit den Eltern und Schülern zu unterstützen, um die religiöse Überzeugung hinter jeder Anfrage zu „testen". Wenn tatsächlich eine religiöse Überzeugung deutlich erkennbar wird, sollte eine Erlaubnis gegeben werden. Bevor eine Entscheidung gefällt wird, sollte der Rektor alle Faktoren, auch Gesundheit und Sicherheit, in Erwägung ziehen. Wenn irgendein Zweifel bestehen bleibt, sollte der Vorsitzende des Schulkomitees zu Rate gezogen werden."

Der Fall von Hannah Smith und ihrer Mitschülerin ist weiterhin ungelöst. Die Verhängung eines „Überzeugungstests" ist zutiefst beleidigend – aus welchem anderen Grunde hätte man um Erlaubnis ersucht, ein Kopftuch zu tragen, wenn nicht aus Glaubensgründen? Außerdem ist es ein grotesker Vorschlag: wie kann ein Glaubensgenosse, ganz zu schweigen von dem Anhänger eines anderen Glaubens die religiösen Überzeugungen einer Person prüfen? Schließlich und endlich ist es dann immer noch eine diskriminierende Praxis. Weitere Fälle um Kopftücher gab es in einer katholischen Schule, deren Rektorin praktizierende Nonne ist und muslimische Schülerinnen davon abhalten wollte, Kopftücher zu tragen. Andere Fälle handeln von negativer Berichterstattung über Schüler und Studenten, oder Berichten über unentschuldigtes Fehlen, wenn aus religiösen Gründen abgelehnt wurde, am Schwimmunterricht in gemischten Klassen teilzunehmen.

Religiöse Schikane

Die Rassenkunde des neunzehnten Jahrhunderts – die Charakterisierung und Klassifizierung ‚höherwertiger‘ und ‚minderwertiger‘ Charaktermerkmale als den unterschiedlichen Rassen zugehörig – ist nun das Reich der Rechten, faschistischer Gruppierungen und Bewegungen. Die moderne oder postmoderne Alternative – religiöse Schikane – wächst und gedeiht jedoch in dem für liberal gehaltenen Ausbildungsbereich im Vereinigten Königreich von heute. In den Fallberichten sind unangemessene Empfehlungen für die berufliche Laufbahn ein wiederkehrendes Thema. In einer wohlbekannten Privatschule für Mädchen in London, sahen sich zwei spätere Medizinstudentinnen, die einzigen Musliminnen in jenem Jahr, bizarren Proble-men ausgesetzt.

Saeeda B. fehlte eine Schulstufe zu ihrem 'BBC' Angebot, an der St. Bartholemew's Medical School Medizin zu studieren. Ihr wurde bestätigt, dass ihr für das folgende Jahr ein Platz frei gehalten werde, wenn sie ihre Abschlussprüfungen zur Gänze zufriedenstellend abgelegt hätte. Sie wurde daraufhin aktiv und war natürlich schockiert, als sie einen Anruf der Berufsberaterin ihrer alten Schule erhielt, die versuchte, sie von dieser Möglichkeit abzubringen und eine Stelle als Sekretärin anzunehmen, die sie statt dessen für sie gefunden habe. Ihr wurde zu verstehen gegeben, dass dieser Posten hinsichtlich ihrer Persönlichkeitsentwicklung eine wesentlich bessere Berufswahl für sie wäre. Saeeda ist zur Zeit in den letzten Stadien vor der Qualifizierung als Ärztin.

Fatima B. war in den Abschlussklassen eine hervorragende Schülerin. Sie war überrascht, dass ihr trotz ihrer Noten und der Tatsache, dass beide Eltern Ärzte sind, ein Studienplatz in Medizin vorenthalten wurde. Einer der Interviewer erwähnte, dass ihre Schule ihre Persön-lichkeitsentwicklung dem Medizinerberuf für nicht angemessen hielt. Die Rektorin ließ beiläufig fallen, dass ihre Referenzen besagten, Fatima sei „sozial zurückgezogen" – eine weitere Überraschung für Fatima, die während ihrer Schulzeit aktiv Sport betrieben hatte und in der Abschlussklasse zur Klassensprecherin gewählt worden war. Fatima trug ein Kopftuch – etwas, von dem die Rektorin annahm, es beweise „Zurückgezogenheit".

Es ist schwierig, sowohl Saeedas wie Fatimas Fall nachzugehen. Beide hatten das Gefühl, dass eine bestimmte Art der Wahrnehmung ihrer muslimischen Identität zu dem Versuch benutzt wurde, sie davon abzuhalten, ihre legitimen Berufswünsche zu verfolgen. Fatima studiert nun im dritten Jahr an der Universität Medizin, die sie aufgrund ihrer Schulzeugnisse, der Abschlusszeugnisse und der Referenzen von Tutoren der Kurse, die sie in den drei Jahren zwischen Abschlussklasse und Universität belegt hatte, vorbehaltlos aufgenommen hat.

Bei anderen Vorfällen wurde besonders den Schülern, die künstlerische Fächer studieren wollten, gesagt, dass sie wegen ihrer muslimischen Herkunft ihr Wahlfach nicht studieren könnten. In einem der Colleges von Oxbridge benutzte eine Tutorin genau dies gegen zwei Studentinnen im Grundstudium der Englischen Literatur, von denen die eine praktizierende Muslimin war, die andere sehr deutlich erkennbar nicht. Keiner von beiden wurde dies direkt gesagt, sondern über Dritte kolportiert, darunter über andere Studentinnen aus dem Kurs, vor denen sich die Tutorin herausnahm, vermeintlich mangelnde intellektuelle Fähigkeiten der beiden zur Sprache zu bringen. Hätte sich die Tutorin auf die ethnische Herkunft bezogen, wären ihre Kommentare laut Gesetz diskriminierend gewesen. Aber hier ist dies nach dem Gesetz nicht der Fall. Die nichtpraktizierende Muslimin fühlte sich zu sehr unter Druck gesetzt und wechselte den Kurs.

In einem früheren Polytechnikum im Norden Londons sah sich Zeenah, eine muslimische Studentin, wegen ihres BA (Bachelor of Arts) in Englischer Literatur einer Vielzahl von Problemen ausgesetzt. Zeenah, die aus dem Mittleren Osten stammte, wo sie bereits Lehrerin gewesen war, fand die Inhalte einiger Texte, die sie zu studieren hatte, ihren Moralvorstellungen nicht angemessen. Als sie diese Ansichten zur Sprache brachte, wurde sie gerügt. Weitere Probleme tauchten auf, und schließlich erhielt Zeenah eine schriftliche Warnung, dass die Universität ein ‚modernes Konzept des Westens' sei, (...) ‚das die vorherrschende Kultur widerspiegele', die sie entweder zu übernehmen hätte oder den Kurs abbrechen müsste. Zeenah hatte eigentlich keines ihrer Module nicht bestanden oder wurde in anderer Weise für intellektuell unfähig gehalten. Sie äußerte einfach Ansichten, die ihre Tutorin für eine muslimische Sichtweise hielt – etwas, was in einer ‚modernen westlichen Universität' keinen Platz hat. Diese Universität folgte in ihren Verfahrensregeln strikt den Regelungen der Multikulturalität, nicht nur in der Aufnahmepraxis und in der Verwaltung, sondern auch als Teil des Lehrplans. Tutoren und andere Mitglieder des Lehrkörpers sind allerdings der Meinung, sie blieben straflos, wenn sie Muslime diskriminierten.

DAS FEHLEN VON RICHTLINIEN UND VERFAHRENSREGELUNGEN

Die oben geschilderten Probleme fallen entweder oder würden unter Zivilrecht fallen, wenn das Anti-Diskriminierungs-Gesetz geändert würde. Bevor der Gang vors Gericht in Angriff genommen wird, können oder sollten andere Verfahrensweisen zur Anwendung kommen. Soweit staatliche Schulen betroffen sind, können Eingaben in einem ersten Schritt entweder an die/den LEA oder im Falle subventionierter Schulen an die Schulbehörde gerichtet werden, bevor das Bildungsministerium eingeschaltet wird. Vielen der Schulen, die unsere Aufmerksamkeit erregt haben, schienen die Verfahrensweisen zur Behebung von Diskriminierung in der Ausbildung unbekannt zu sein. Obwohl für diese Verfahren Richtlinien existieren, wurden unsere Nachfragen abschlägig beschieden. Anstatt uns Verfahren anzubieten, wurde uns bedeutet, dass das Schulamt ‚von den Schulen erwartet, dass sie feinfühlig agieren ... und diskriminierende Regeln meiden‘.

Wie der ‚Überzeugungstest‘ zeigt, bringen die Schulen andere Verfahrensweisen hervor, die Kriterien hervorbringen, die nicht nur diskriminierend, sondern argumentativ höchst subjektiv und in der herrschenden Diskriminierung befangen sind. Es bleibt auch den Schulen überlassen, den auszusuchen, der fähig oder willens ist, die Interessen der Schüler zu vertreten. Obwohl sie oft selbst um Rechtshilfe ersuchen, haben die Schulen jeden Rechtsbeistand von außerhalb abgelehnt, der im Namen der Schüler auftrat.

Aus den Universitäten wird berichtet, dass sich die Studentenverbindungen als Institutionen zunehmend diskriminierend gegen Muslime wenden. Die Details dieser diskriminierenden Handlungen sind unterschiedlich und weit verbreitet – von der Beihilfe bei der Abschaffung oder der Verweigerung besonderer diätetischer Vorkehrungen auf dem Campus bis zum Ausschluss islamischer Studentenverbindungen aus der Studentenunion. Die jüngste Publikation des Handbuchs der nationalen Studentenunion (NUS) „Rassismus: ein Leichtschläfer“ hat uns jedoch in große Unruhe versetzt und ist ein Beispiel für die Institutionalisierung von Islamfeindlichkeit im Bildungssektor.

Beispiele islamfeindlicher Gewalt und Schikane auf dem Campus wurden nicht nur nicht erwähnt (außer der Verweigerung diätetischer Anforderungen in den Mensen des Vereinigten Königreichs und an Schulen in Frankreich), sondern eine ganze Litanei islamfeindlicher Kommentare und Folgerungen ist darin zu finden. Wenn die Worte „Muslim/islamisch“ durch „jüdisch“ ersetzt würden, könnte und sollte das Handbuch nach der geltenden Strafprozess-ordnung rechtlich verfolgt werden. Die Verweise auf Antizionismus ließen sich leicht durch solche auf Anti-Apartheid ersetzen, dann würde deutlich, dass die Folgerungen lächerlich sind. Die Kennzeichnung zweier muslimischer Gruppierungen als Rassisten, ohne dabei die erheblichen Übergriffe seitens der Gesellschaft und die oft gewaltsamen Angriffe von Indivi-duen gegenüber muslimischen Studenten auf dem Campus zu erwähnen, zeugt entweder von einer grotesken Ignoranz gegenüber den Problemen, denen sich die Studenten ausgesetzt sehen oder dem willentlichen Versuch, Islamfeindlichkeit als akzeptable Verhaltensweise zu propagieren.

44

Rassistisch motivierte verbale Übergriffe sind ungesetzlich – religiös motivierte Übergriffe nicht. Das Transparent der BNP (der British National Party, einer rechtsextremen politischen Partei) „Keine neuen Moscheen in Newham" ist ein Beispiel für einen offensichtlichen, doch gegenwärtig kaum religiös begründeten Übergriff. Die IKMR behandelt Aufhetzung und religiösen Hass gesondert, aber die Broschüre der NUS liefert einen Hinweis für die Tiefe des Problems. Es sind jedoch andere kriminelle Vergehen an muslimischen Schülern und Studenten verübt worden, darunter Gewaltakte in den Schulen und auf dem Campus – vom Anspucken bis zur handgreiflichen Auseinandersetzung. Einige Fälle führten zur Strafverfolgung wegen tätlichen Angriffs, doch ohne einen erschwerenden Faktor in Erwägung zu ziehen. In einem der schlimmsten Fälle, die dem IKMR berichtet wurden, hat im Norden Englands eine Direktorin einer Neunjährigen das Kopftuch weggerissen, wobei sie dem Mädchen eine Schnittverletzung im Gesicht zufügte.

Konflikte am Arbeitsplatz

Die Diskriminierung einer jeden Gemeinschaft ist sicher für die gesamte Gesellschaft eine Verschwendung an Potenzial. Die IKMR kann über Diskriminierung in verschiedenen Bereichen der Berufsausübung wie folgt berichten.

BEI DER STELLENSUCHE

Die Ablehnung bei Bewerbungen aufgrund religiöser Bekleidung ist (bei Männern und Frauen) eine allgemein verbreitete Klage, wobei der Verweis auf Bekleidungsvorschriften in den Ablehnungsbescheiden explizit auftaucht. In einigen Fällen wurden Muslime abgelehnt, weil sie sich gemäß ihres Glaubens eines Tages möglicherweise auf bestimmte Weise kleiden könnten. In einem infamen Fall in Bradford stand in einer Stellenanzeige „Muslime brauchen sich nicht die Mühe zu machen, sich zu bewerben".

ENTLASSUNG WEGEN SICHTBARMACHUNG EINER RELIGIÖSEN IDENTITÄT

Andere Arbeiter wurden entlassen, nachdem sie anfingen, sich bei der Arbeit in religiöser Weise zu kleiden. Am Arbeitsplatz gibt es Schikanen wegen der Religionsausübung nicht nur in Fragen der Bekleidung, sondern auch wenn religiöse Ansichten geäußert werden, oder wenn während der Arbeitspausen gebetet wird. Ein Londoner Stadtreiniger wurde entlassen, weil er hinten in der Kantine während seiner Mittagspause betete. Ein Gutachter des NHS Trust wurde schikaniert, weil er am Freitag beten wollte. Sein Vorgesetzter ging sogar so weit, ihm an einem Freitag zwei Sekretäre hinterherzuschicken, um herauszufinden, wohin er ging.

Schikane und Einschüchterung bei der Arbeit

Andere Beispiele von Schikane betreffen verbale und psychologische Übergriffe, die die Opfer dazu zwangen, sich krank zu melden oder überhaupt zu kündigen. In einem Fall, in dem der IKMR die außergerichtliche Einigung gelang, war eine muslimische Frau so traumatisiert, dass sie auch nach zwei Jahren noch nicht in der Lage ist, an ihre Arbeitsstelle zurückzukehren, und dies auch für die Zukunft nicht abzusehen ist.

Die bestehende Gesetzgebung ist nicht ausreichend, die Rechte der Muslime in oder beim Eintritt in die britische Arbeitswelt zu schützen. Die zwiespältige Art, in der die Menschen-rechte auf der Ebene von Institutionen diskutiert werden – einerseits werden Muslime kritisiert, andererseits jedoch nicht geschützt – hat nur dazu geführt, dass die musli-mische Ge-meinschaft als ganze in der öffentlichen Wahrnehmung fremd erscheint.

Muslime im Rechtssystem

Bestehende Statute, besonders das Anti-Diskriminierungs-Gesetz („Race Relations Act"), benachteiligen Muslime. Während das Gesetz zwei religiöse Minderheiten (Juden und Sikhs) unter dem Vorwand, sie könnten ethnisch bestimmt werden, schützt, werden Angehörige anderer Religionen ohne Rechtsmittel der Schikane und der Diskriminierung durch Frem-denhasser ausgesetzt. Auffällig sind die Beispiele ausgewählter Intoleranz, in denen Täter wil-lentlich Gruppen wie Muslime als Angriffsziel nehmen, da sie wissen, sie können dies tun, weil das Gesetz selbst diskriminierend ist und sie daher absichert.

Das Anti-Diskriminierungs-Gesetz sollte Minderheiten schützen. Es war jedoch ein Fehler anzunehmen, Minderheiten seien ethnisch definiert, und so wurden fiktive Minder-heiten erschaffen. Dafür spricht, dass Juden Schutz gefunden hätten, wenn das Gesetz religiö-se Minderheiten geschützt hätte, da dem aber nicht so ist, werden sie ethnisch definiert, um durch das Gesetz geschützt zu werden. Muslime müssen gegenwärtig vor Gericht als Angehö-rige fiktiver Minderheiten auftreten oder andere intellektuelle Klimmzüge einsetzen. Anwälte nutzen in ihren Plädoyers eher den Rechtsgrundsatz der indirekten Diskriminierung, der eine hohe Wahrscheinlichkeit dafür nahelegt, dass eine beklagte Handlung aus ethnischen Grün-den als diskriminierend anzusehen sei, wenn der Prozess führende Moslem Pakistani, Bengale oder Araber ist.

Es gibt jedoch einige Umstände, in denen der Einfallsreichtum der Anwälte den

Nachteil, den Muslime im Vergleich zu Sikhs oder Juden zu gewärtigen haben, nicht beseitigen kann. Ein gewitzter Fremdenhasser wird wissen, dass er besser daran tut, sich einen Moslem auszusuchen als einen Sikh, wenn er jemanden angreifen, aber kein höheres Urteil riskieren will; und dass er sein Opfer eher als Moslem denn als „Paki" bezeichnen sollte. Ebenso ist es für einen frömmelnden Brandstifter besser, eine Moschee anzuzünden als eine Synagoge oder einen Gurdwara-Tempel, auch wenn diese für einen Frömmler ein ebenso mächtiges Symbol der Fremdheit wären.

Nach dem 2. Oktober 2000 wird sich die Lage voraussichtlich in einigen Bereichen des Gesetzes, in denen es zur Zeit noch keinen Schutz gibt, etwas verbessern. Wenn das Gesetz über die Menschenrechte von 1998 in Kraft tritt, können Muslime sich auf Artikel 14 der europäischen Konvention über Menschenrechte beziehen, um sich vor religiöser Diskriminierung zu schützen, jedoch nur insofern, als die fragliche Diskriminierung ihre Rechte unter der Konvention berührt. Schulen können deshalb Schülerinnen, die ein Kopftuch oder Schüler, die einen Bart tragen, nicht länger ausschließen, da dies Artikel 9 (Freiheit der Religion) und Artikel 2, Protokoll 1 (Recht auf Ausbildung) zuwiderläuft. Ein Arbeitgeber könnte jedoch immer noch die Politik verfolgen, keine Muslime einzustellen, da in der Konvention das Recht auf Beschäftigung nicht verankert ist.

Die Konvention wird jedoch die fundamentalen Mängel im geltenden Recht des Vereinigten Königreiches nicht aufheben. Sie wird nur die Scheinheiligkeit ausstellen und unendlich viele Prozesse schaffen in einem Rechtssystem, das schon jetzt unter einem Überhang ungelöster Fälle leidet. Wahrscheinlich wird jeder Fall, in dem ein Moslem diskriminiert wurde, zurückgehalten werden, bis dem Obersten Gericht eine Eingabe zur Unvereinbarkeit vorliegt, weil der fragliche Paragraph nicht mit der Konvention vereinbar ist. Nach einer Unvereinbarkeitserklärung kann der Innenminister entweder das Oberste Gericht ignorieren – und dabei in Kauf nehmen, dass der Fall an den Europäischen Gerichtshof für Menschenrechte überwiesen wird – oder Maßnahmen ergreifen, die den Bruch kitten.

Wenn keine Gesetzesvorlagen eingebracht werden, die die religiöse Diskriminierung beenden, ist es sehr wahrscheinlich, dass sowohl die Gerichte wie das Innenministerium sehr viel zu tun bekommen. Auch wenn es den Gerichten nicht gefallen wird – und die Erfahrung hat gezeigt, dass einige der erfahrenen Richter eine Unmenge an intellektuell unredlichen Methoden erfinden werden, um sicher zu stellen, dass die in der Konvention verankerten Rechte zumindest nicht auf die Muslime Anwendung finden – gibt es die Möglichkeit für diejenigen aus den religiösen Minderheiten, die sich als zweitklassige Bürger des Vereinigten Königreichs fühlen, die Gerichte zu verstopfen.

Liberale Islamfeindlichkeit und kommunitaristische Marginalisierung

Bis jetzt hat die britische Diskussion um die Teilhabe der Muslime an der Gesellschaft nur einen sehr begrenzten Stand erreicht. Zunächst einmal dreht sich die Diskussion nicht so sehr um die völlige politische Teilhabe, wie diese Konferenz Glauben macht, sondern erstens darum, ob kulturelle Ausdrucksformen, die von der herrschenden Kultur abweichen, vom Prinzip her, also selbst außerhalb des öffentlichen Raums, akzeptiert werden sollten; und zweitens, ob solche Ausdrucksformen, selbst wenn sie Unterschiede nicht offen herausstellen, nicht doch ein Potenzial an Differenz in sich tragen, das niemals ausgerottet werden könne.

POLITISCHE RAHMENBEDINGUNGEN

Der Runnymede Trust hat aus einer kommunitaristischen Perspektive teilweise zu einer bevormundenden Haltung gegenüber Muslimen beigetragen, indem er das politische Umfeld z.B. der NUS in deren Umgang mit der Frage der Muslime als Grundlage seiner Ausführungen übernahm. Der Runnymede-Bericht verwies darauf, dass Muslime sich selbst helfen könnten, wenn sie zu anderen Gemeinschaften Verbindung aufnähmen. So fordert er die offene Ver-urteilung terroristischer Attacken in Israel durch muslimische Gruppierungen. Obwohl jeder terroristische Angriff von allen verurteilt werden sollte, fand sich im früheren Bericht des Runnymede Trust über Antisemitismus keine solche Empfehlung. Es bleibt eine Art von Verdacht oder ein Stigma, dass Muslime eine Art gewaltsamer oder irrationaler Tendenz zum Hass hätten, die auf einer öffentlichen Ebene abgebüßt werden muss.

Was mehr Unruhe auslöst, ist, dass sowohl die unliberal „liberale" NUS wie der einer aktiven Minderheitenpolitik verpflichtete Runnymede Trust Konzeptionen des Zionismus – die durchaus im Widerspruch zu den Überzeugungen praktizierender wie säkularer jüdischer Gruppierungen und Individuen stehen – als „Judaismus" übernommen hat, und zwar in einer Art und Weise, die verurteilt werden würde, wenn sie auf eine andere Gruppierung bezogen worden wäre. Ein ähnliches Verfahren etwa mit dem Ziel, die berechtigte Kritik an den Taliban zu verhindern, wäre nicht nur lächerlich, sondern ein gefährlicher Anschlag auf freie Rede und Diskussion.

MORALISCHE KRAFT

Sowohl der liberale wie der kommunitaristische Diskurs legen die Schlussfolgerung nahe, dass Muslime aus Mangel an moralischer Kraft deutlich abweichen. In diesem Verständnis tragen muslimische Frauen aus Zwang oder wegen einer Art intellektueller Unfähigkeit Kopftücher, was sie hindere, zu erkennen, dass sie dadurch unterdrückt seien.

48

Jeder Versuch muslimischer Frauen, den liberalen Bekehrungsversuchen zu widerstehen, wird solcherart sofort hinweggefegt. Wie das Beispiel aus Oxbridge zeigt, bleibt der heimliche Verdacht, dass Liberalismus tatsächlich nur von denen errungen werden kann, deren Herkunft westlich, d.h. weiß und europäisch und zwar ursprünglich westlich- europäisch-christlich ist. Die kommunitaristische Antwort darauf ist, den muslimischen Frauen das Recht zu geben, ihre eigene Unterdrückung zu wählen.

Beide Diskurse verweigern den muslimischen Frauen die berechtigte Stimme, mit der sie die Gesellschaft, in der sie leben, in ihren eigenen Ausdrücken kritisieren könnten. Ein Vergleich von Teilen aus „Die ganze Frau" von Germaine Greer, der führenden britischen Feministin und der Kritik vieler muslimischer Frauen würde erstaunliche Ähnlichkeiten zutage fördern. Tatsächlich geht Greer viel weiter als manche muslimische Frau in der Befürwortung der Trennung von Männern und Frauen als einem Mittel der Frauenbefreiung in den westlichen Gesellschaften – die sie und viele Frauen muslimischer und anderer Herkunft in den westlichen Gesellschaften noch weit entfernt glaubt. Doch wenn eine muslimische Frau so etwas äußert, wird dies immer noch leicht als lächerlich, abgelebt oder altmodisch angesehen.

Bevor man sich nicht den Vorurteilen auf dieser Ebene widmet, können die Diskussionen über die Teilhabe von Muslimen an der Gesellschaft zumindest im britischen Kontext nicht weiter führen als bestenfalls zu einer Art symbolischer Geste zur Beschwichtigung einer Glaubensgemeinschaft. Das glanzvolle Versprechen uneingeschränkter Teilhabe, durch welche Linse – politischer Säkularismus oder irgendeine andere – auch immer gesehen, liegt angesichts der britischen Gesellschaft immer noch weit vor uns und wir haben noch einen langen Weg in Richtung intellektueller und sozialer Entwicklung vor uns.

Übersetzung: Beate-Ursula Endriss

Anmerkung des Herausgebers: Siehe hierzu auch die Ausführungen von Tariq Modood über die Kritik am britischen Anti-Diskriminierungs-Gesetz, weil es sich nur auf ethnische und nicht auf religiöse Diskriminierung bezieht.

Anstößige Kopftücher: Kopftuchdebatten in den Niederlanden[1]
Helma Lutz

Das Kopftuch ist (auch) in den Niederlanden zur Metapher für Spannungen und Spaltungen in der multikulturellen Gesellschaft geworden. Das islamische Kopftuch markiert die Grenze zwischen einer modernen niederländischen und einer traditionellen islamischen Gemeinschaft. Dementsprechend wird über das Kopftuch und über die islamische Herkunft Identität konstruiert und zugeordnet. Mädchen und junge Frauen aus türkischen und marrokanischen Immigrantenfamilien sehen sich mit essentialisierenden Bildern konfrontiert, die ihrer fragmentierten Wirklichkeit und ihrem Selbstverständnis nicht entsprechen. Der folgende Beitrag setzt sich mit den Reaktionen der Mädchen und Frauen auf diese Konstruktion auseinander wie auch mit ihren Versuchen, sich der Essentialisierung durch die Bildung hybrider Identitäten zu entziehen.

Sogenannte Kopftuch-Debatten haben sich in den vergangenen Jahren zu einem europaweiten Phänomen mit jeweils nationalspezifischen Aspekten entwickelt. Mein Interesse ist es herauszufinden, warum dieses Tuch, das Kopftuch, bei den unterschiedlichsten Gruppen in der Gesellschaft eine solche Fülle von Reaktionen hervorruft. Kein anderes Kleidungsstück erhält derzeit so viel Aufmerksamkeit, ist derart heftig umstritten. Warum wird ausgerechnet dieses kleine Stück Stoff immer wieder zum Stein des Anstoßes? Zur Beantwortung dieser Frage möchte ich die grundlegende Bedeutung verschiedener Kopftuch-Diskurse erörtern. Im Zentrum der Analyse stehen hier die symbolische Bedeutung und die Frage nach der Reichweite dieser Metapher, wobei verschiedene, zum Teil widersprüchliche Vorstellungen und Erklärungsansätze reflektiert werden. Es geht mir hierbei keineswegs darum, einzelne Überlegungen und Auffassungen als ‚falsch‘ zu demaskieren oder aber um das Bestreben, eine ‚politisch korrekte‘ Sicht des Themas zu entwickeln; vielmehr möchte ich erörtern, welche Folgen diese Diskurse für eine bestimmte Gruppe von Betroffenen, junge Immigrantinnen, haben (können). Mit Hilfe des analytischen Instrumentariums der 'situated knowledge' (Haraway 1991) will ich aufzeigen, wie problematisch der Umgang mit den verschiedenen ‚Wahrheitsvorstellungen‘, die hier zur Disposition stehen und die den Prozess der Identitätsentwicklung junger türkischer und marokkanischer Frauen beeinflussen, sein kann. In der Schlussbetrachtung werde ich mich mit dem Begriff ‚Hybridität‘ auseinandersetzen.

Drei Stimmen aus der multikulturellen Gesellschaft

Selma

Selma Yilmaz ist 22 Jahre alt und Arzthelferin. Sie wurde in der Türkei geboren, wuchs in den Niederlanden auf und trägt kein Kopftuch:

> Ich fühle mich hier eigentlich schon als Ausländerin. Weil ich so viele Bemerkungen von Leuten, die hier wohnen höre, wie Ausländer so sind, und ich merke einfach, dass sie einen doch nicht als Niederländerin akzeptieren können. Na ja, sie sagen es nicht direkt, aber man merkt es schon, sie sagen zum Beispiel, ja also du passt dich unheimlich gut an und so, und da gibt es Ausländer, die hier schon über zehn Jahre wohnen und von nichts 'ne Ahnung haben oder auch, ja, wie geht das eigentlich bei euch so zu, nehmt ihr das zu Hause auch so genau und so. Sie meinen irgendwie, ja, musst du zu Hause auch ein Kopftuch tragen? Bei uns in der Schule tragen nämlich zwei oder drei Mädchen ein Kopftuch. Und dann sehen sie sich die Mädchen an und fragen dann, also, wenn du zu Hause bist, trägst du dann auch ein Kopftuch? Ja also dann sagt man so, nein. Aber warum tun die anderen das dann wohl? Ich finde es eigentlich ziemlich nervig, immer wieder das gleiche zu erzählen, so ist das bei uns nicht, bei uns zu Hause ist es so und so. Ich bin dann nämlich doch ein bisschen verpflichtet, mein eigenes Leben zu schildern; und ich frage die anderen umgekehrt so etwas zum Beispiel nicht, also, wie ist das bei dir zu Hause? Das fragt man nicht. Aber sie fragen es einen schon, und man will ihnen auch klar machen, dass man alles richtig macht. Dann muss ich, also das klingt komisch, aber damit quält man sich dann immer ab (Selma Yilmaz in Leiprecht/Willems, 1993).

Frits

Frits Bolkestein, Jahrgang 1932, war bis 1998 Fraktionsvorsitzender der VVD[2] im niederländischen Parlament ‚Tweede Kamer‘. Er wurde in den Niederlanden geboren, wuchs dort auf, lebte und arbeitete lange Zeit im Ausland, wo er etwa die Interessen des Shell-Konzerns vertrat. Er hat in den vergangenen Jahren in zahlreichen öffentlichen Reden, Debatten, Interviews und Publikationen immer wieder große Bedenken in bezug auf die Integration der Muslime in den Niederlanden vorgetragen und dabei auf die Integrationsunfähigkeit des Islam im Allgemeinen verwiesen:

> Während es früher kaum Berührungspunkte mit der islamischen Kultur gab, liegen sie nun auf der Hand. Wie müssen sich die islamische Minderheit und die nicht-islamische Mehrheit zueinander verhalten? Diese Frage gilt natürlich auch für andere Minderheiten. Im Zentrum des Interesses kann immer nur eine Frage stehen. Über ... grundlegende politische Prinzipien – die Trennung von Kirche und Staat, die Freiheit der Meinungsäußerung, Toleranz und Anerkennung – kann man absolut nicht feilschen. Jeder in den Niederlanden, Muslim oder Nicht-Muslim hat sich an die Gesetze zu halten, die aus diesen Prinzipien hervorgegangen sind. Jeder in den Niederlanden kann stehen und gehen wie es ihm beliebt, sagen und essen, was er möchte, seine eigenen Kleider tragen und sich zu seiner Religion bekennen. Islamische schulpflichtige Mädchen dürfen ein Kopftuch tragen, wenn auch das Kopftuch sicher eine bedeutungsträchtigere Funktion hat, als nur das Haar zu bedecken (Bolkestein, 1991).

Esmé

Esmé Choho ist 24 Jahre alt, Teilzeitstudentin, Schiftstellerin und Journalistin. Sie wurde in Marokko geboren, wuchs in den Niederlanden auf und trägt ein Kopftuch. Nach einer Identitätskrise habe sie im Alter von siebzehn Jahren beschlossen, ein Kopftuch zu tragen. Vor diesem Zeitpunkt hatte sie sich aus Schamgefühl als Spanierin oder Indonesierin ausgegeben, unter anderem begründet dadurch, dass „man in den Schulbüchern liest, dass Marokkaner unterentwickelte Analphabeten sind, mit einer Religion, in der Frauen unterdrückt werden ...". Owohl sie sich als richtige Niederländerin fühlte, wurde sie dennoch von ihren ‚weißen‘ Freundinnen auf ihre kulturellen Wurzeln angesprochen. Nachdem sie sich mit ihrer ‚eigenen kulturellen Herkunft‘ beschäftigt hatte, beschloss sie, als offenes Bekenntnis zum Islam ein Kopftuch zu tragen:

> Aber wenn man sich entscheidet, ein Kopftuch zu tragen, muss man darüber schon sehr, sehr gut nachdenken. Man muss sehr stark sein, um diese Entscheidung umsetzen zu können ('Esmé Choho in Coronel, 1995: 5).

Soweit drei Stimmen der 90er Jahre von Mitgliedern der niederländischen multikulturellen Gesellschaft. Über die Frage, ob diese Stimmen repräsentativ sind, lässt sich streiten; fest steht jedenfalls, dass die Bedeutung, die diesen Stimmen zugemessen wird, sowie die öffentliche Aufmerksamkeit, die man ihnen schenkt, sehr unterschiedlich ist.

Frits Bolkestein hat mit seiner oben genannten Luzerner Rede eine Flut von Reaktionen provoziert, die schließlich zu einer ‚Nationalen Minderheitendebatte‘ führte.

Die Rolle der Frau in der islamischen Kultur, von ihm als traditionell und untergeordnet beschrieben, dient ihm als Beweis für die Rückständigkeit der Muslime. Sichtbar wird diese Haltung, so Bolkestein, durch das Tragen(-müssen) eines Kopftuches, dessen Bedeutung über „das Bedecken der Haare" hinausgeht.

Die erste der aufgeführten Stimmen von Selma Yilmaz stammt aus einer Videodokumentation über Jugendliche und Rassismus in den Niederlanden (Leiprecht 1994), die inzwischen in Unterrichtsmaterialien für allgemeinbildende Schulen aufgenommen wurde (ARIC 1995). Esmé Choho schließlich wurde als junge Schriftstellerin und Journalistin bei verschiedenen Radiosendern und als Aktivistin in einer islamischen Jugendorganisation bekannt.

Während Bolkestein eine simple Botschaft hat und eine schlichte Lösung für das von ihm beschriebene Problem vorschlägt, wird in den Schilderungen der jungen Frauen ein weitaus komplexeres Bild sichtbar. Bolkestein sucht – nachdem er erst die islamische und die niederländische Kultur als Pole eines dichotomen Weltbildes dargestellt hat, bei dem der Islam dasjenige symbolisiert, was der Westen abweist – die Auflösung des ‚Integrationsproblems‘ schlichtweg in der Anpassung der ‚Muslime‘ an ‚Werte und Normen‘ der nicht-muslimischen Mehrheit.

Selma Yilmaz und Esmé Choho dagegen haben einen ‚persönlichen Bezug‘ zu diesem Thema. Ihre Aussagen zeigen, wie sie sich als Mitglieder nicht-dominanter Gruppen mit gegenläufigen Identitätsansprüchen auseinandersetzen (müssen). Ob sie tatsächlich in der Lage sind, die Konstruktionen ihrer fragmentierten Wirklichkeiten zu durchbrechen, um ein anderes System der Bedeutungsfindung zu etablieren, bleibt vorläufig eine offene Frage.

Während das Kopftuch für Bolkestein eine Frage politischer Orientierung darstellt, repräsentiert es für Yilmaz und Choho den Dreh- und Angelpunkt eines Diskurses, in dem nicht allein Machtverhältnisse und (symbolische) In- und Exklusion eine Rolle spielen, sondern in dem das Dilemma ihrer Identität zum Ausdruck kommt: Unabhängig von der Tatsache, ob sie ‚für' oder ‚gegen' Kopftücher sind, müssen sie sich in einem Gebiet ideologisier-ter Oppositio-nen orientieren. Dieses kleine Stück Stoff markiert eine Grenze zwischen tra-ditionell und modern, zwischen dem Innen oder Außen einer bestimmten Gruppe, zwischen der Bereit-schaft zur Anpassung oder dem (religiösen) Widerstand dagegen. Kurz gesagt, das Kopftuch ist die sichtbare Grenzlinie zwischen der ‚niederländischen' und der ‚islamischen' Gemeinschaft und wird so zur Identitätsfrage. Toni Morrison hat in ihrem Projekt 'Playing in the Dark' dazu aufgerufen, „die kritische Sichtweise vom radikalen Objekt zum radikalen Subjekt zu wenden, von den Beschriebenen zu den Beschreibenden" (1992: 90). Die Äuße-rungen von Selma Yilmaz und Esmé Choho, verstanden als Selbstbild und als Reflexionen über die Projektionen der ‚Beschreibenden', lenken unsere Aufmerksamkeit nicht allein auf die gravierenden Folgen dominanter Diskurse für die (weiblichen) Mitglieder von Minder-heiten, sondern ebenso auf die Funktion ‚kollektiver Fiktionen' (Hall 1991) für die Selbst-darstellung der ‚Beschreibenden'.

Kopftuch-Diskussionen

Wie in anderen europäischen Ländern, so gibt es auch in den Niederlanden in regelmäßigen Abständen Kopftuch-Diskussionen. Ein Beispiel: Im September 1994 wurde eine Schülerin der Baandert Hauptschule in Heemskerk nach Hause geschickt, als sie mit einem Kopftuch in die Schule kam. Der Rektor dieser Schule rechtfertigte diese Entscheidung unter anderem mit dem Argument, dass er „aus einer Zeitung mit Niveau, der OPZIJ"[3] erfahren hatte, dass das Kopftuch mehr sei, als einzig und allein ein kleines Stück Stoff. Das Kopftuch sei Ausdruck „orthodoxer Gesinnung bezüglich der Rolle von Männern und Frauen, hinter denen sich Denkmuster verbergen, die gesellschaftlich fragwürdig sind" (zitiert in Trouw, 9.9.1994). Außerdem symbolisiere das Kopftuch den aufkommenden Fundamentalismus (De Volks-krant 13.9.1994).

Dieser Schulrektor sah sich offenbar vor eine schwierige Wahl gestellt. Einerseits wollte er, dass seine Schule Emanzipationsbestrebungen und Gleichstellung der Geschlechter un-terstützt. Er verbot das Kopftuch, weil er es als Symbol für die Ungleichheit der Geschlechter fürchtet. In seinem Verständnis ist das Kopftuch keine Frage des persönlichen Geschmacks wie die beliebte Baseball-Kappe, sondern eine politische Manifestation, und es würde seinem gesellschaftlichen Auftrag widersprechen, Kopftücher in seiner Schule zuzulassen. Ande-rerseits ist in niederländischen Schulen Diskriminierung aus religiösen Gründen verboten, und die Schulleitung muss einen schlechten Ruf vermeiden. Die niederländische Verfassung bestätigt prinzipiell die Trennung von Staat und Kirche, räumt aber der (christlichen) Schul-verwaltung viel Spielraum ein.

Heftige Debatten über die Kopftuchfrage wurden im Laufe der Jahre bewusst vermieden, weil eine solche Diskussion für den christlich orientierten Unterricht negative Folgen haben

54

könnte. Vielmehr wurde versucht, offene Konflikte zu umgehen, indem den Lehrkräften ein ,pragmatischer Umgang' mit dem Kopftuch-Thema empfohlen wurde, der nicht selten zur Legitimierung von Diskriminierung als Erziehungsinstrument führt: Lehrerinnen und Lehrer sollten ihre Schülerinnen darauf hinweisen, dass sie sich mit dieser Kleidung exponieren und verspottet werden könnten, wie etwa in einer Schule in Heemskerk geschehen (Trouw, 9.9.1994). Ebenso versuchen Lehrkräfte, Schülerinnen mit dem Hinweis auf schlechte Arbeitsmarkt-Chancen zu entmutigen, ein Kopftuch zu tragen.[4] Das Thema ,Kopftuch' wurde dennoch auch in den Niederlanden zum Politikum und steht so in direktem Zusammenhang mit den Hypothesen der symbolischen Bedeutung des Objekts. Feministische Zeitschriften und feministische Autorinnen werden als Befürworterinnen eines bestimmten Standpunkts angeführt. Nun haben sich führende Feministinnen in der Tat zur Frauenfeindlichkeit des Islam und zur Unerwünschtheit der Muslime in den Niederlanden geäußert (wie beispielsweise Prof. Ronnie Dessaur und die Vordenkerin der sozialdemokratischen Frauenbewegung Hilda Verwey-Jonker, vgl. Lutz/Moors 1989). Interessanterweise werden derartige Äußerung in Bezug auf den Islam gerade von denjenigen ernst genommen, die der feministischen Politik in anderen Bereichen entschieden entgegentreten.

Auch in Frankreich haben insbesondere französische Intellektuelle, zu denen unter anderem Feministinnen wie Elisabeth Badinter gehören, in der Koptuch-Affäre das Wort geführt. Nach dem derzeit geltenden Rechtsbeschluss vom Oktober 1994, ist das Tragen von Kopftüchern in der Schule nicht mit den streng laizistischen Zielen der französischen Schulen vereinbar und darf deshalb dort nicht zugelassen werden (De groene Amsterdammer, 30.11.1994). Damit wurde ein fünf Jahre dauernder Konflikt mit dem Resultat beendet, dass Hunderte schulpflichtiger Mädchen gezwungen wurden, ihre Schulen zu verlassen. Auf indirektem Wege wurde so das Vorurteil bekräftigt, dass diese Mädchen eben keinen Schulerfolg erzielen können. Kurz darauf veröffentlichte der damalige Premierminister Balladur eine Erklärung für jüdische Mitbürger, in der er versicherte, dass es für diese Gruppe keinen Anlass zur Beunruhigung gäbe. Eine Diskussion um das „Käppchen" werde nicht beabsichtigt. Dies bedeutet, dass ein kleines Stück Stoff in dem einen Fall (dem Käppchen) zum Kleidungsstück erklärt wird, während es in dem anderen Fall (dem Kopftuch) eine politische Bedeutung erhält.[5] Ist es nun Zufall, dass es bei der ,Kleidung ohne Bedeutung' um die männliche Kopfbedeckung geht, während die ,Kleidung mit Bedeutung' ,weiblich' ist? Oder geht es hier um die Zuweisung verschiedener Bedeutungen auf der Basis verschiedener Glaubensrichtungen?[6] Auffällig und besorgniserregend sind die in diesem Zusammenhang geschlossenen diskursiven Koalitionen zwischen Feministinnen und der extremen Rechten von Jean-Marie Le Pen. Beide Seiten weisen darauf hin, dass ,Emanzipation, Universalität und Freiheit' als erzieherische Zielsetzungen des säkularen Schulsystems an erster Stelle stehen sollten. Sie definieren damit den Schulhof, den Mikrokosmos der Nation, zum Kampfplatz eines ideologischen Diskurses, bei dem das Kopftuch nicht nur eine edukative, sondern auch eine nationale Funktion erfüllt.

Aus der Perspektive der betroffenen Mädchen und jungen Frauen wirkt die Bezeichnung dieses Diskurses als ‚Kopftuch-Affäre' recht zynisch, denn sobald sie sich als Muslime darstellen, schränkt sie der dazugehörige 'identity-marker' ein. Raum für den spielerischen Umgang mit Identitätssymbolen, wie wir sie sonst aus Jugendkulturen kennen, scheint es nicht zu geben. Die ‚Affäre' entwickelt sich für die jungen Frauen zu einer ‚dauerhaften Beziehung' mit diesem Thema.

Privat und öffentlich und die Reichweite einer Metapher

Vermutlich werden LeserInnen sich fragen, ob etwa Feministinnen, wie Hilda Verwey-Jonker, Elisabeth Badinter, Alice Schwarzer und Fay Weldon, die sich zu diesem Thema geäußert haben, nicht doch Recht haben? Gibt es wirklich keinen Grund, beunruhigt zu sein? Ist es nicht so, dass Frauen in islamischen Ländern (Iran, Algerien, Pakistan, Saudi-Arabien und Afghanistan) oft in grausamer Art und Weise gezwungen wurden, Kopftücher oder Schleier zu tragen? Sind sie nicht Zielscheibe menschenverachtender Ideologien und Praktiken? Die Antwort hierauf ist bejahend; es gibt zahllose Beispiele von Frauenfeindlichkeit in den oben genannten Ländern. Das Kopftuch und der Schleier haben nicht allein in Diskursen der westlichen Welt eine besondere Bedeutung, sondern orthodoxe und fundamentalistische Muslime treffen sich nicht selten mit ihren westlichen Gegnern. Wie in allen monotheistischen Religionen werden auch im Islam das Verhalten und die Kleidung der Frauen als Garant für die Integrität der Gemeinschaft gesehen. Darüber hinaus wurde der Hijab[7] in Ländern wie dem Iran, Algerien, Pakistan und vielen anderen in den letzten Jahrzehnten (wieder neu) zum Politikum erklärt: Die Hijab bzw. Kopftuch tragende Muslimin gilt schlechthin als Repräsentantin des religiösen Anstandes. Vergleichbare Regelungen sind sowohl im Christentum, im Judentum als auch im Islam zu finden.[8]

Dennoch gibt es keinen Grund dafür, von einer zwingenden Beziehung zwischen dem Tragen eines Kopftuches und dem Fundamentalismus (vgl. dazu auch Karam 1995) auszugehen. Aus neueren Forschungen geht hervor, dass die ‚Verstädterung', die sich in sehr hohem Tempo in den ‚islamischen' Ländern vollzieht, ihren Niederschlag in veränderten Lebensgewohnheiten und Geschlechterverhältnissen findet und damit dem Entstehen neuer Reibungspunkte über unterschiedliche Moralvorstellungen Vorschub leistet. So geht beispielsweise aus der Untersuchung von Arlene Macleod (1991) hervor, dass der zunehmende Trend zum Hijab bei Frauen der unteren Mittelschicht in Ägypten eher als eine Reaktion auf den stetig wachsenden Druck, Mutterschaft und Lohnarbeit in einer großen Stadt in angemessener Art und Weise zu vereinbaren, denn als Ausdruck zunehmenden religiösen Interesses oder fundamentalistischer Orientierungen gewertet werden muss. Macleod analysiert dieses Phänomen als eine Antwort auf die sich verändernde Rolle von Frauen innerhalb einer sozialen Gruppe von Binnenmigrantinnen, die in großer Geschwindigkeit den Übergang von der sozialen Übersichtlichkeit der ländlichen Region in das soziale Chaos von Kairo vollzogen hat. Das Tragen des Hijab ist für diese Frauen Ausdruck des Protestes – Macleod nennt dies ‚akkomodierten Protest' – gegen die traditionelle normative Trennung von öffentlich und privat, worin Frauen der behütete und sichere Bereich der Privatsphäre zugewiesen wird. Als Appell an das ‚traditionelle' moralische Pflichtgefühl der islamischen Gesellschaft wird der Hijab für sie zum Ausdruck ihrer Respektabilität und Würde. Der Hijab als Symbol des weiblichen Anstands transportiert den privaten Bereich in die Öffentlichkeit und ermöglicht die Verbindung beider Bereiche. Gleichzeitig erheben die Frauen damit die Forderung, diese Entscheidung zu akzeptieren. Macleod hat in ihrer Untersuchung auf ein Thema hingewiesen, das auch in den westlichen Diskursen über Geschlechterverhältnisse eine wichtige Rolle spielt: die symbolische Bedeutung von Anstand und Sexualität. Trotz des wachsenden Einflusses von Frauen auf für sie relevante, gesetzliche und soziale Reglements wird der Status quo in Sachen Selbstverfügungsrecht immer wieder zur Disposition gestellt. Die Abtreibung und der Einsatz von Verhütungsmitteln sind in vielen westlichen Ländern keine unumstrittenen Rechte. Der Einfluss christlicher Ideale auf die Konstituierung moderner Gesellschaften ist dabei nicht zu unterschätzen. Die weibliche Sexualität im weitesten Sinne des Wortes wird zum Mittelpunkt unzähliger Debatten, die sich mit gesellschaftlicher Ordnung beschäftigen. Wie sich eine Gemeinschaft ethisch-moralisch konstituiert, hängt demnach offenbar von dem Verhalten der Frauen ab.[9]

Über Geschlechterordnung herrscht weder im Westen noch sonst irgendwo ein unangefochtener Konsens. Möglicherweise liegt darin auch die Antwort auf die Frage verborgen, warum ausgerechnet Feministinnen so vehement gegen die Kopftücher zu Felde ziehen. Unter dem Motto ‚Das Persönliche ist politisch' hatten westliche Feministinnen Aspekte der Privatsphäre erstmals zu öffentlichen gemacht, und die Themen Sexualität, Arbeit, Aufgabenverteilung und Rollenverteilung bestimmten das feministische Programm. Kleidung und Sexualität haben in diesem Zusammenhang einen hochgradig symbolischen Wert. Die Imagination der islamischen Frau scheint diesem Bedürfnis nach Metaphorisierungen zu entsprechen. Das Kopftuch und die verhüllende Kleidung von ‚islamischen' Frauen lösen Assoziationen von Geschlossenheit und Isolation aus und verweisen auf eine Situation, die auch vielen westlichen Frauen nicht fremd ist, denn der Kampf gegen Kleidungsvorschriften symbolisierte den Widerstand gegen Einschränkungen ihrer Bewegungsfreiheit. Die Unsichtbarkeit der Privatsphäre wurde aufgehoben. Eine Frau, die ein Kopftuch trägt, stellt diesen Konsens in Frage, da sie sich dem ‚Auge der Öffentlichkeit' entzieht und so als optischer Störfaktor wahrgenommen wird. Akzeptierte Toleranzmaßstäbe über die Offenheit der Kleidung scheinen wieder zur Debatte zu stehen. Vielleicht hat Kleidung gegenwärtig mehr denn je eine identitätsschaffende Funktion als ‚Kennzeichen' der Mitgliedschaft einer speziellen Gruppe. Trotz aller ‚gender-benders' regeln Kleidercodes den sozialen Umgang sowohl innerhalb und zwischen sozialen Statusgruppen als auch zwischen den Geschlechtern.

Daneben ist das Kopftuch, der Schleier, eine sehr bedeutsame Metapher der feministischen Semiotik. So sprechen Redensarten wie ‚die Verschleierung der Herrschaft‘ und ‚Entschleierung des Bewusstseins‘ den sinnbildlichen Gehalt dieser Metapher an. Der Schleier symbolisiert die Unterdrückung der Frau und verdeutlicht die Herrschaft des Mannes über den Körper der Frau.

Bolkestein kann sich so als Fürsprecher der Frauenemanzipation in der Rolle des Retters und Befreiers der ‚islamischen Frau‘ präsentieren. Das Evozieren der ‚vermummten Frau‘ gehört zu seinem festen rhetorischen Repertoire:

> Ich vermute, dass die meisten niederländischen Frauen ebenfalls meiner Meinung sind, denn die Art und Weise, in der Frauen im Islam behandelt werden, ist eine Beschmutzung der Ehre und Reinheit dieser Kultur
> (Bolkestein in einer Rede am 9.12.1990, zitiert in De Volkskrant , 21.9.1991).

‚Muslimische‘ Mädchen?

Der Appell, ‚sich den niederländischen Normen und Werten anzupassen‘, richtet sich an alle Minderheiten in der niederländischen Gesellschaft. Mit Blick auf die Tagespresse wird allerdings deutlich, dass muslimische Migranten und Migrantinnen die eigentlichen RepräsentantInnen jener ‚Ausländer‘ sind, die es zu integrieren gilt. Muslime werden als mehr oder weniger typische Gruppierung von Minderheiten gesehen, die die proklamierten kulturellen Werte, wie Toleranz, Freiheit, Emanzipation usw. nicht anerkennen wollen. Auf sie beziehen sich politische und pädagogische Maßnahmen zur Prävention sozialer Marginalisierung (vgl. Saharso 1995; van der Zwaard 1993, 1995).

Seit den 80er Jahren werden Muslime in der politischen Diskussion beachtet: Immer öfter werden sie zu Repräsentanten des Bösen, der Grausamkeit, der Gewalt, der Aggression und des Fanatismus. Gemeint sind damit nicht nur Muslime außerhalb der Niederlanden und Europas, sondern besonders jene, die aufgrund ihrer Anwesenheit innerhalb Europas gefürchtet werden. Als Folge der Migration befindet sich die ‚fünfte Kolonne‘ in unserer unmittelbaren Nachbarschaft (vgl. Bolkestein, 1991).[10]

In den Niederlanden gehören zu Beginn der 90er Jahre ca. 450.000 Menschen der Kategorie ‚Muslim‘ an. Da die Religionszugehörigkeit nicht offiziell registriert wird, handelt es sich um Schätzungen. Diese Zahl beruht also keineswegs auf einer exakten Zählung, sondern sie ist das Resultat der Annahme, dass alle in den Niederlanden lebenden Türken und Marokkaner Muslime sind.

Mit der Bezeichnung ‚Muslime‘ werden in einem offiziellen Sammelbegriff die beiden wichtigsten Zielgruppen der niederländischen Minderheitenpolitik in einer Kategorie zusammengefaßt: 46 % dieser Kategorie sind türkischer, 38 % sind marokkanischer Abstammung (desweiteren gibt es auch indonesische, surinamische, iranische, pakistanische und autochthone Muslime). Man spricht von einer außergewöhnlich hohen Heterogenität innerhalb des institutionalisierten Islam: Nico Landman zählte 1990 700 verschiedene Moscheenverbände

(Landman 1992). Er betont in seiner Studie, dass der niederländische Islam nicht als homogene Gruppe betrachtet werden kann; die Konstellationen erscheinen wie ein ‚Patchwork‘, in dem sich facettenreich verschiedene Organisationen, Überzeugungen, Interpretationen und Ausübungsformen anordnen, die wiederum in unterschiedliche Sprachfamilien und in verschiedene Migrationstypen untergliedert werden können. Die Frage, inwiefern alle Türken auch politisch engagierte Muslime sind, wird sehr kontrovers diskutiert. Fest steht aber, dass sich erst Ende der 80er Jahre ein Kontakt zwischen niederländischen Gemeinden, Staat und Muslimen entwickelte, der dazu führte, dass Moscheenverbände die wichtigsten Ansprechpartner und Vertreter der ‚muslimischen Gemeinschaft‘ wurden.

Bis zu diesem Zeitpunkt waren die Migranten-Dachverbände der (türkischen oder marokkanischen) politischen Initiativgruppen die Ansprechpartner der Politik gewesen. Seitdem jedoch in den Moschee-Organisationen die ‚wahren‘ grass-root Repräsentanten türkischer und marokkanischer Migranten gesehen werden, ist nicht nur ein Anstieg des ideologischen Einflusses und des finanziellen Budgets der Moscheenverbände, sondern auch die Homogeni-sierung der außerordentlich divergierenden Gruppierungen zu verzeichnen (Rath 1993). Auf diese Weise hat der Staat (bewusst oder unbewusst) seinen Beitrag zur ‚Islamisierung‘ der Türken und Marokkaner geleistet und ist insofern an der Entstehung einer politisch-religiösen Formation beteiligt. Während einige Wissenschaftler diese Entwicklung für einen notwendigen Schritt in die Richtung einer institutionellen Anerkennung des niederländischen Islam halten (Pennix/Yar 1993), muss andererseits auch auf die gegenteilige Wirkung hingewiesen werden: Wenn die politische und kulturelle Anerkennung der türkischen und marokkanischen Minderheiten nur durch die Selbstdarstellung als Muslim erreicht wird, gibt es dementsprechend auch nur eine einzige (legitime) Möglichkeit, sich zu behaupten: als Muslim. Um es noch deutlicher zu formulieren: Wenn Muslime sich in einer gesamtgesellschaftlichen Situation befinden, in der die Repräsentation des Islam auf eine ‚Problem-Gefahren-Kategorie‘ reduziert wird, besteht für sie bei einer solchen Entwicklung die Gefahr, in einer ‚Identitäs-guillotine‘ zu enden. In ihrem Identifikationsprozess sind türkische und marokkanische Jugendliche darum beinahe gezwungen, bezüglich dieser ‚Optionen‘ Position zu beziehen: Entweder sie versuchen, sich von der religiösen Haltung zu distanzieren und laufen damit Gefahr, – auch nach Meinung des Staates – nicht repräsentativ für ihre Gruppe zu sein (vgl. die ausführliche Analyse bei Lutz, 1991a), oder sie ‚entscheiden‘ sich dafür, mit allen dazugehörigen Konsequenzen. Mit den Worten von Esmé Choho: „Man muss sehr stark sein, um das durchzusetzen.“

Den Worten Selmas ist zu entnehmen, dass sie trotz ihrer westlichen Kleidung nicht wie eine der westlichen Kultur angehörige Person behandelt wird. Sie trägt keine Kopftücher, aber die herrschenden Vorstellungen bezüglich ihrer kulturellen ‚Herkunft‘ haben für ihren Alltag sehr unangenehme Folgen: Selma weist darauf hin, dass ihre ‚Privatsphäre‘ nicht geschützt, sondern sogar missachtet wird, indem sie auf die Kleidungskonventionen von ‚ihresgleichen‘ angesprochen wird. Auch weiß sie, dass diese Fragen nicht unbefangen gestellt werden, sondern in einem normativen Zusammenhang stehen. Aus diesem Grund möchte sie der impliziten Missbilligung ihrer ‚Kultur‘, ihrer ‚Gruppe‘, ihrer Familie widersprechen, um ‚glaubhaft zu machen, dass sie modern ist‘, dass sie nicht der dominanten Repräsentation entspricht. Gleichzeitig muss sie sich auch von ihren weiblichen Verwandten, die ebenso wie ihre Mutter ein Kopftuch tragen, in Frage stellen lassen. Diesen Zwiespalt, der zu einem ständigen Rechtfertigungszwang führt, mit dem sie sich ‚abquält‘, wird sie auch in Zukunft ertragen müssen.

Esmé Choho entwickelt sich dagegen anders: Der Hinweis auf ihre ‚Herkunft‘ führte zu einer nachhaltigen Beschäftigung mit dem Islam. Für Esmé ist der Kampf damit noch nicht ausgestanden. So erklärte sie vielfach, dass junge Frauen innerhalb islamischer Jugendorganisationen heftigen Widerstand gegen die Geschlechterdiskriminierung leisten und für eine frauenfreundliche Auslegung des Islam plädieren (vgl. auch ISBI: 1992).

Dass Esmé Chohos Identitätsreise noch zu keinem eindeutigen Resultat geführt hat, geht aus einem neueren Interview mit NRC- Journalist Frénk van der Linden (NRC Handelsblad, 24.2.1996) hervor. Darin bestätigt sie zwar ehemals geäußerte Ansichten bezüglich ihres tiefen Glaubens, ihrer Liebe zu Gott und ihrer ‚feministischen‘ Interpretation der islamischen ‚Grundlage‘, aber sie hat ihre Entscheidung revidiert, das Kopftuch als sichtbares Zeichen ihrer Religionszugehörigkeit zu tragen. Sie betont, dass der Islam ihr eine Identifikationsmöglichkeit, eine kohärente Selbstwahrnehmung ermögliche und damit eine Lösung für die ihr Leben bestimmenden Fragmentierungen bieten könne. Statt sich analog den gangbaren Zuschreibungen als Berber, Marokkanerin, Afrikanerin, Jugendliche, Migrantin, Frau, Niederländerin oder als Angehörige der westlichen Kultur zu definieren, biete ihr der Islam die Möglichkeit,zu sagen: ich bin weder Niederländerin, noch Marokkanerin, ich lasse mir keine Zugehörigkeit zu einer Ethnie auferlegen ‚ich bin ein Universalist, ein Weltbürger‘ (NRC Handelsblad, 26.2.1996). Offenbar erhofft sie sich davon einen Ausweg aus allen von außen auferlegten Etiketten. Dennoch räumt Esmé in diesem Artikel ein, dass das Muslim-Sein in den Niederlanden in den 90er Jahren auch bedeute, sich engagiert öffentlich und politisch auseinanderzusetzen und damit um das Interesse der Presse, um Einfluss auf die Meinungsbildung, um Zuschüsse und Finanzierung zu kämpfen. Esmé bedauert, dass sie sich von den Medien hat verführen lassen. Als ‚Fachfrau mit Erfahrung‘, die die niederländische Sprache perfekt beherrscht, wurde sie zu einem ‚Media-Hype‘, zum exotischen Gast in zahllosen Talkshows, anders, aber auch gleich.

Ihre Bemerkung, sie habe sich als ‚Frau mit Bart‘ für Zirkusnummern missbrauchen lassen, trifft das Wesen eines Repräsentationsregimes, in dem die Ästhetik von besonderer Bedeutung ist: Kopftücher sind anders, weil sie Frauen verunstalten. Konvertierte müssen diese ‚ästhetische‘ Hürde überwinden. Mit Hilfe des Kopftuchs externalisierte Esmé einen bedeutsamen Schritt in ihrem Leben; nun nimmt sie das Kopftuch ab, ‚weil ich meine Identität mehr und mehr internalisiert habe‘ (ebd.). Offenbar braucht sie den Halt eines identitätsbildenden Objektes nicht mehr. Man kann vermuten, dass sie heute Religion als eine Privatangelegenheit definiert, die nicht in die Öffentlichkeit gehört.[11] Gleichzeitig riskiert sie dabei aber auch, von jener Gruppe ausgegrenzt zu werden, der sie sich gerade zugewendet hat: ‚… es ist möglich, dass mich die Muslime verurteilen werden' (ebd.).

Für eine derartig widersprüchliche Entwicklung, wie Esmé sie erlebt, gibt es bis heute offenbar wenig Bewegungsspielraum, auf keiner Seite. Jugendliche Muslime laufen Gefahr, in eine Zwickmühle zu geraten – nicht weil sie keine Wahl haben, sondern weil die zur Verfügung stehenden Wahlmöglichkeiten einander ausschließen. Jede Seite verlangt die absolute Konformität.

Dennoch versuchen Jugendliche wie Esmé, Dinge zu verändern. Sie streben nach einer alternativen Gegenrepräsentation mit Hilfe einer flexiblen Identität.

Hybride Identität?

Esmé's Identitätsprojekt kann mit Hilfe poststrukturalistischer TheoretikerInnen wie Donna Haraway und Stuart Hall analysiert werden. Nach Hall (1992) braucht die spätmoderne Gesellschaft mit ihren höchst reflexiven Lebensformen einen Identitäts- und Subjektsbegriff, der die ständigen Wandlungsprozesse und Diskontinuitäten unseres Zusammenlebens wiedergeben kann. Gegenwärtig sind Identitäten nicht mehr uniform, sondern fragmentiert, zusammengesetzt aus vielfältigen, manchmal gegensätzlichen und ungeklärten Identitäten. Das Subjekt ist daher, wie auch die Struktur, in der es sich befindet 'dislocated', verteilt, ohne Zentrum. Auf diese Weise muss sich Identität als Produkt eines fortlaufenden Identifikationsprozesses immer wieder neu konstituieren. Die Resultate dieses Identifikationsprozesses sind jedoch nicht willkürlich, sondern gehen vielmehr aus der Geschichte hervor, denn die Mobilisierung und die Repräsentation von Identitäten sind mit Machtinteressen sowohl der dominierenden als auch der subordinierten Gruppen verbunden (Hall 1992). Als Folge von Globalisierungs- und Migrationsprozessen müssen sich Menschen, so Hall, Raum- und Zeit-Diskontinuitäten bewusst machen. Mit Hilfe von Imaginationen müssen sie Verbindungen zwischen den verschiedenen Orten, Nationen, Landstrichen, die für ihr Leben von Bedeutung sind, herstellen. Während manche diese komplizierte Situation überwinden, indem sie auf 'defensive' Identitäten zurückfallen, streben andere danach, ausgesprochene ‚Gegenidentitäten' zu entwerfen, mit dem Ziel, dem Ausschluss von Minderheiten entgegenzuwirken. Diese Gegenidentitäten bezeichnet Hall als ‚hybride Identitäten'. Dabei spielt die Ethnizität eine wichtige Rolle. „Wir sind alle ethnisch, weil unsere ethnische Identität unser subjektives Gefühl, wer wir sind, bestimmt" (Hall 1991: 177). Dennoch ist diese Ethnizität keine authentische Reproduktion des kulturellen Habitus des Herkunftslandes, sondern eine ‚neue' Ethnizität, die geographische Grenzen und traditionelle Lebensgewohnheiten übersteigt.

Esmé Choho und Selma Yilmaz suchen nach Autonomie und Einheit in einer von Fragmentierung gekennzeichneten Gesellschaft. Beide haben sie klare Vorstellungen davon, was Autonomie bedeutet (gehören sie darum dem weltlichen Kulturkreis an?). Jeder Identifikationsprozess spielt sich innerhalb eines Kontinuums von Individualität und Kollektivität bzw. innerhalb der verschiedenen Gemeinschaften ab. Das Ergebnis des Prozesses steht nicht von vornherein fest. Es ist widersprüchlich und kann sich schnell verändern. Die Frage ist nur, ob die Gesellschaft Frauen wie Selma und Esmé ihre eigenen Definition zum Thema ,Migrantin sein', ,Frau sein', ,muslimisch oder türkisch, marokkanisch, Berber, Niederländisch-Sein' zugesteht.[12] Das Streben nach einer kohärenten Selbstwahrnehmung wird durch die Totalitätsansprüche von beiden Seiten erschwert, und aus diesem Grund müssen diese Frauen nicht an einer Front, sondern an zwei Fronten gleichzeitig kämpfen; Hall bezeichnet dies als ,Schwierigkeit der Repräsentierten' (1991: 172). Dieser Kampf wird nicht individuell im privaten Kämmerlein geführt, sondern ist gleichzeitig ein öffentlicher, politischer Kampf. Hall und Haraway rühmen beide auf ihre Weise die ,Hybridität' als Ausweg aus den herrschenden Repräsentationsregimen, als anti-essentialistische Seinsweise der Zukunft. ,Unterdrückte Standpunkte haben Vorrang, weil sie scheinbar angemessenere, objektivere, transformierendere Erklärungsansätze bieten' (Haraway 1991: 191).

Obwohl ich auf analytischer Ebene ihre Meinung teile, möchte ich jedoch – den Lebensalltag jugendlicher Migrantenkinder betrachtend – darauf hinweisen, dass die praktische Realisierung, die subjektive Wahrnehmung und Zueignung von Hybridität nicht annähernd so einfach ist wie eine Betrachtung auf theoretischem Niveau. Alle revolutionären Romantiker der 60er und 70er Jahre, die das Subproletariat als Vorkämpfer einer sozialen Wende betrachteten, mussten feststellen, dass ,unterdrückte' Stimmen im Kräftefeld der Gesellschaft untergingen. Weshalb sollten ausgerechnet jugendliche Migrantenkinder, eine in sozialer Hinsicht machtlose Gruppe, eine Transformation vollziehen können, die vorher nicht gelang? Die ,hybride' Identität dieser Jugendlichen ist sehr verletzlich. In einer Welt, in der auf zunehmende Fragmentierung eher mit totalitären Antworten reagiert wird und man schwierigen Identifikationsprozessen mit simplen Botschaften begegnet, wird das Ideal der Hybridität nur wenige ansprechen. Vielleicht ist es eine Möglichkeit für ,starke' Menschen, die ,mit beiden Füßen auf dem Boden stehen' und die Energie haben, sich ,abzuquälen'.

Sollten wir das ,Projekt' von Hall und Haraway also besser ad acta legen? Ich denke nicht, denn Hall zufolge ist es die Aufgabe der Wissenschaftler, den Erfahrungen der Diaspora eine Sprache zu verleihen, der Bricolage einer multi-ethnischen Gesellschaft mittels Imagination zu einem Programm zu verhelfen. Er plädiert für eine gesellschaftliche Perspektive, in der ,Fremde' nicht nur kulinarisch integriert (als exotische Küche) und in ästhetischer Hinsicht konsumiert werden (als exotische Filme), sondern in der sie ihren Platz in der (symbolischen) Ordnung der Gesellschaft einfordern können. Es ist zu hoffen, dass Selma und Esmé diesen Ort finden werden.

Literatur

Ahmed, Leila (1982): „Western ethnocentrism and perceptions of the harem". *Feminist Studies*, 8/3, S. 521-534.

ARIC (Anti Racisme Informatie Centrum Rotterdam) (1995): *MBO Module*, Rotterdam: Selbstverlag.

Bartelink, Yvonne (1994): *Vrouwen over Islam.: geloofsvoorstellingen en -praktijken van Marokkaanse migrantes.* Dissertation KU Nijmegen

Bolkestein, Frits (1991): „Integratie van minderheden .moet met lef worden aangepakt". *De Volkskrant*, Open Forum, 21.9.1991.

Bouw, Carolien/Nelissen, Carin (1986): Werken en zorgen. Een vergelijkend onderzoek naar de arbeidservaringen van Turkse, Marokkaanse en Nederlandse vrouwen. Den Haag: *Studies van het ministerie voor sociale zaken.*

Contrast (1994): „Redactioneel, Levensgevaarlijke hoofddoekjes". *Contrast. Weekblad over de multiculturele samenleving*, No.12, S.1.

Coppes, Rosane (1994) „Niet zomaar een stukje stof. Hoofddoekjesaffaires in Frankrijk, Nederland en Groot-Britannie". *Sociologische Gids*, 2, S.130-143.

Coronel, Marcita (1995): „Jonge moslims in discussie over identiteit". *Contrast. Weekblad over de multiculturele samenleving*. No. 7.

Hagendoorn, Louk/ Janssen, Jacques (1983): *Rechtsomkeer, Baarn:* Ambo.

Hall, Stuart (1991): „Nieuwe Etniciteiten". In: *Het minimale zelf en andere opstellen.* Amsterdam: SUA, S. 171-180.

Hall, Stuart (1991): „The Question of Cultural Identity". In: Hall, Stuart / Held, David/ McGrew, Andrew (Hg.): *Modernity and its Futures.* Cambridge: Polity Press, S. 273-316.

Haraway, Donna (1991): Simians, Cyborgs, and women. London: *Free Association Books ISBI* (Islamitische Stichting Bevordering Integratie) (1992): Verslag congres *„Emancipatiemogelijkheden van islamitische vrouwen in Nederland",* Den Haag: Sebstverlag.

Kabbani, Rana (1985): *Europe's Myth of Orient. Devise and rule.* London: Pandora Press.

Karam, Azza (1995): „Islamismen / Feminismen. Egyptische vrouwen in beweging". *LOVER*, 22 /3, Amsterdam 1995, S. 10-16.

Kleinpenning, Gerard (1993): *Structure and content of racist beliefs. An empirical study of ethnic attitudes, stereotypes and the ethnic hierarchy.* Utrecht: ISOR.

Koningsveld, P.S. van / Shadid W.A.R. (1993): *Minderheden, hulpverlening en gezondheidszorg.* Assen: Van Gorcum.

Landman, Nico (1992): *Van minaret tot mat. De institutionalisering van de Islam in Nederland.* Amsterdam: VU uitgeverij.

Leeman, Yvonne/ Saharso, Sawitri (1989): Je kunt er niet omheen. Hoe Marokkaanse, Molukse en Surinaamse jongeren reageren op discriminatie. *Amsterdam en Lisse:* Swets & Zeitlinger.

Leiprecht, Rudolf (1994): „Es ist doch näher dran ...". Ein vergleichender Blick auf Rassismen, Erklärungsmuster und Pädagogisches in den Niederlanden und in Deutschland. In Jäger, Sigfired (red.) Aus der Werkstatt: *Anti-rassistische Praxen. Konzepte – Erfahrungen – Forschung.* Duisburg:DISS Verlag, S.160-186.

Leiprecht, Rudolf (1999): *Alltagsrassismus, Diskurse, Repräsentationen und subjektive Umgangsweisen. Eine Untersuchung bei Jugendlichen in Deutschland und den Niederlanden Unveröffentliche Habilitationsschrift:* Köln.

Leiprecht, Rudolf/Willems, Erik (1993): *Het zit toch dichter bij. Jongeren en Racisme in Nederland.* Dokumentarfilm: Jobfilm Amsterdam.

Lutz, Helma (1989): „Fatma of Shehrazade – oosterse vrouwelijkheid in Westerse literatuur". *Tijdschrift voor vrouwenstudies*, 10.Jahrg., No.1, Nijmegen, S.102-117.

Lutz, Helma (1991a): *Welten verbinden – Türkische Sozialarbeiterinnen in den Niederlanden und der Bundesrepublik Deutschland.* Frankfurt/Main.: IKO-Verlag.

Lutz, Helma (1991b): Migrant women of „Islamic background" – images and self-images. *Occasional paperseries* 11, Dec. MERA, Amsterdam.

Lutz, Helma (1993): „Anti-Islamism. Rhetorics of Exclusion in the Netherlands. A Debate on Locations of Selves Vis-à-vis Others". *Unveröffentlicher Vortrag, gehalten bei der 'International Conference of the Sociological Arab Association':* The image of the other, Hammamet, 29.3.93.

Lutz, Helma (1994): „Ik maak geen ruzie en ik ga netjes. Surinaamse moeders en dochters in Nederland". *LOVER* 21/2, S. 53-55.

Lutz, Helma (1995): „The legacy of migration. Immigrant Mothers and Daughters and the Process of Intergenerational Transmission". *Comenius*, 15/3, S. 304-317.

Lutz, Helma/ Moors, Annelies (1989): De mythe van de ander – Beeldvorming over Turkse migrantes in Nederland. *LOVER*, 16/1, Amsterdam, S. 4-8.

Lutz, Helma, Phoenix, Ann/Yuval-Davis, Nira (1995): „Nationalism, Racism and Gender: European Crossfires". In: dies. (Hg.): *Crossfires. Nationalism, Racism and Gender in Europe*. London: Pluto Press, S. 1-25.

Macleod, Arlene (1991): *Accomodating protest. Working women, the new veiling and change in Cairo*. New York: Columbia University Press.

Morrison, Toni (1992): *Playing in the Dark. Whiteness and the Literary Imagination*. Cambridge & London: Harvard University Press.

Penninx, Rinus/ Yar, Hassan (1993): „*Western European States and the Political Representation of Islam*. unpublished paper for the conference on „Ethnicity, nationalism and culture", Universiteit Amsterdam, 24-27, February.

Prins, Baukje (1994): „Zonder onschuld: gesitueerde kennis en ethiek". In: Braidotti, Rosi (Hg.) *Poste restante. Feministische berichten aan het postmoderne*. Kampen: Kok Agora, S. 56-78.

Rath, Jan (1993): „The Ideological Representation of Migrant workers in Europe". In: Wrench, John / Solomos, John (Hg.): *Racism and Migration in Europe*. London & New York: Berg Publishers, S. 215-232.

Saharso, Saharso (1995): „Een koperen bruiloft. Twaalf en een half jaar sekse en etniciteit in het gecombineerde vrouwen–en minderhedenbeleid". *Migrantenstudies*, 11/4, S. 241-256.

Saïd, Edward (1978): *Orientalism*. London: Routledge & Kegan Paul.

Saïd, Edward (1993): *Culture and Imperialism*. London.

Shadid, W.A.R/van Koningsveld, P.S. (1992): *De mythe van het islamitisch gevaar*. Kampen: Kok Agora.

Veen, Sandra (1995): „*Narrating the scarf: young Muslim women in the Netherlands*". Unpublished paper presented at the 25th Annual conference of Oral History and Society, Bristol, April 21-23.

Vollebergh, Wilma/ Raaimakers, Quinten/ Meeus, Wim (1995): „Traditionele opvattingen en rechtextremisme". *Jeugd en samenleving*, 25/1-2, S. 3-29.

Zwaard, Joke van der (1993): El Mizan: *Wijkverpleegkundigen over de opvoeding in allochtone huishoudens*. Amsterdam: SUA.

Zwaard, Joke van der (1995): „Naughty Boys and Obstinate Girls. District Nurses' Cultural and Professional Explanations for Child Rearing Practises". In: Boer, Inge/ Moors, Annelies / Teeffelen, Toine van (Hg.): *Orientations. Changing Stories. Postmodernism and the Arab-Islamic World*. Amsterdam & Atlanta: Rodopi, S. 133-146.

Anmerkungen

1   Bei diesem Beitrag handelt es sich um die leicht gekürzte Fassung des gleichnamigen Artikels aus: Ruth Klein-Hessling/Sigrid Nökel/ Karin Werner (Hg.): *Der neue Islam der Frauen: weibliche Lebenspraxis in der globalisierten Moderne*, erschienen beim transcript Verlag Bielefeld, 1999.

     Dem transcript Verlag wird für die freundliche Genehmigung des Abdrucks gedankt. Für hilfreiche Hinweise bei früheren Fassungen danke ich Gloria Wekker und Rudi Leiprecht.

2   VVD ist eine rechts-liberale Partei, die momentan Mitglied der Regierungskoalition ist.

3   Vergleichbar mit der feministischen Zeitschrift Emma.

4   Letzlich haben diese LehrerInnen nicht Unrecht. Nach dem derzeitigen Informationsstand werden Frauen, die Kopftücher tragen, für Präsentations- und Informationsaufgaben nicht eingestellt. Dies ging aus dem Urteil eines Rechtsstreites hervor, in dem eine Arzthelferin in Amsterdam entlassen wurde, als sie beschloss, ihrem Glauben mit dem Tragen des Kopftuchs Ausdruck zu verleihen (vgl. de Volkskrant, 14.3.1996). Ebenso ist ein Fall einer Kassiererin einer großen Supermarkt-Filiale (Albert-Heijn) bekannt, die nach einigem Widerstand die Erlaubnis bekam, ein Kopftuch umzubinden, unter der Voraussetzung, dass sie die Initialien AH auf das Tuch drucken ließ (Mohammed Rabbae in De Volkskrant, 11.9.1994). Es handelte sich hier eher um eine Ausnahme.

5   In dieser leidenschaftlich geführten Debatte ging es nicht um die Politik des Schulhofs, sondern hier wurde ein Angriff auf die unerwünschte Anwesenheit islamischer Immigrantinnen gestartet; dieser mündete in der Wahlkampagne vom Frühling 1995 in dem Ruf um die 'immigration Zero'.

6   Dass die männliche Kopfbedeckung, das Keppel, weniger bedrohlich empfunden wird, als das Kopftuch, steht wohl im Zusammenhang damit, dass Weiblichkeit als symbolische Repräsentation der Nation gilt. (vgl. auch Lutz, Phoenix en Yuval-Davis, 1995, 9).

7   Hijab ist die Bezeichnung für eine verhüllendes Kleidungssstück, das aus der Kombination eines straff gebundenen Gesichtsschleiers und einem knöchellangen Kleid besteht.

8   In allen islamischen Ländern kämpfen Feministinnen gegen den Einfluss der Fundamentalisten. Sie begründen ihren Kampf sowohl mit der Universalität der Menschenrechte, als auch – und das mag erstaunen – mit dem Koran. So, wie die Bibel auch vielfältig feministisch ausgelegt werden kann, können die VerfechterInnen der Emanzipation von Frauen in der islamischen Gesellschaft ihre Position mit Hilfe authentischer Schriften aus dem Koran stärken, wie die pakistanisch-amerikanische Theologin Riffat Hassan zeigte (vgl. De Volkskrant, 12.3.1996). Auch in einem Land wie der Türkei tritt man schon seit einigen Jahren in den Reihen einer religiösen Gruppierung, der der 'Turban Feministinnen', aktiv für die Frauenrechte ein.

9   In Westeuropa wird dies in der Debatte um die Abtreibung deutlich. Die Moral in der Gesellschaft scheint von dem Verfahren abzuhängen, in dem Frauen selbst über die Abtreibung bestimmen dürfen. In der BRD beispielsweise wurde nach der Wiedervereinigung 1990 eine Diskussion über die Angleichung zweier verschiedener Abtreibungsparagraphen geführt und gegen den ausdrücklichen Protest aller weiblicher Bundestagsabgeordneter die konservative Version der beiden Paragraphen für rechtsgültig erklärt.

10   Es wäre interessant, die Entstehnugsgeschichte dieser Angstvorstellung zu erkunden. Leider kann ich an dieser Stelle nur auf einige Autoren wie Shadid 1978 und 1993, Ahmed 1982, Kabbani 1985 und van Koningsveld/Sahdid 1992 verweisen, da eine detailliertere Ausführung im Rahmen dieses Artikels nicht geleistet werden kann.

11   Freilich, Esmé Choho hat diesen Schritt mit ihrem Interview in der NRC öffentlich gemacht und ihn in diesem Sinne deprivatisiert.

12   Vgl. die Studie von Sandra Veen über junge Musliminnen in den Niederlanden (Veen, 1995).

Muslime im säkularen Rechtsstaat – vom Recht der Muslime zur Mitgestaltung der Gesellschaft[1]
Heiner Bielefeldt

I. Säkularität – ein schwieriger Begriff

Der säkulare Rechtsstaat bildet die politisch-institutionelle Rahmenordnung, in der Muslime in der Bundesrepublik Deutschland und anderen westeuropäischen Gesellschaften leben und ihren Glauben praktizieren. Diese Situation wirft Fragen auf: Wie stehen Muslime zum säkularen Rechtsstaat? Stellt er für gläubige Muslime nur ein Übel dar, das sie aufgrund der zahlenmäßig massiven Überlegenheit der Nicht-Muslime nolens volens hinnehmen müssen? Oder bietet die Säkularität der politisch-rechtlichen Ordnung Chancen für die Erprobung neuer Formen islamischer Selbstorganisation – womöglich sogar mit Auswirkungen über die „Diaspora" hinaus auf die islamischen Herkunftsländer? Fragen stellen sich aber auch in umgekehrter Richtung: Ist es überhaupt legitim, Muslime auf die Säkularität des Rechtsstaats verpflichten zu wollen? Wäre es nicht ein Gebot interreligiöser und multikultureller Toleranz, Muslimen die Option offenzuhalten, ihre gemeinschaftlichen Angelegenheiten nach islamischem Recht statt nach säkularem Recht zu ordnen? Stellt die Säkularität nicht ihrerseits eine Art von religiösem oder postreligiösem „Glauben" dar, der nur für diejenigen verbindlich sein sollte, die sich zu diesem Glauben freiwillig bekennen?

Eine Antwort auf diese und ähnliche Fragen hängt davon ab, was genau man unter Säkularität versteht. Mehr noch als andere politisch-rechtliche Leitbegriffe ruft der Begriff der Säkularität unterschiedliche, ja gegensätzliche Assoziationen hervor.[2] Er wird als antireligiöse oder postreligiöse Ideologie, als spezifisch westlich-christliche Organisationsform des Verhältnisses von Staat und Religion, als Versuch staatlicher Kontrolle der Religionsgemeinschaften oder als Ausdruck des Respektes vor der religiösen Freiheit der Menschen verstanden. Hinzu kommt, dass sich schon innerhalb der westeuropäischen Verfassungsstaaten – zwischen Frankreich, England, Holland, Deutschland und Italien – sehr verschiedene Traditionen des politisch-rechtlichen Umgangs mit der Religion herausgebildet haben, in deren Kontext auch die Säkularität je anders akzentuiert wird.[3] Und vollends unübersichtlich droht die Debatte zu werden, wenn auch noch unterschiedliche wissenschaftliche Disziplinen – Rechtswissenschaft, Soziologie, Theologie, Philosophie – mit ihren Deutungen der Säkularität aufeinander treffen.[4]

Das Ziel des vorliegenden Aufsatzes besteht nicht nur darin, den Begriff der Säkularität angesichts einer verwirrenden Vielzahl von Interpretationen theoretisch zu klären. Vielmehr verfolge ich damit zugleich und vorrangig ein praktisch-politisches Anliegen: Es geht mir darum, die Säkularität des Rechtsstaates als unerläßliche Voraussetzung für eine an den

Menschenrechten orientierte politische Gestaltung des religiösen und weltanschaulichen Pluralismus zu verteidigen. Eine solche Verteidigung kann allerdings nur dann überzeugen, wenn sie die kritischen Anfragen an das Konzept der Säkularität ernstnimmt und aufgreift. (...)

II. Zur Bestimmung der rechsstaatlichen Säkularität

1. DIE RECHTSSTAATLICHE SÄKULARITÄT ALS KONSEQUENZ DER RELIGIONSFREIHEIT

Die rechtsstaatliche Säkularität, so meine grundlegende These, folgt aus der Religionsfreiheit. Sie ist notwendiges Strukturprinzip einer Rechtsordnung, die unter dem Anspruch steht, die Religionsfreiheit als Menschenrecht systematisch zu verwirklichen. Um es zuzuspitzen: Es gibt keine volle Verwirklichung der Religionsfreiheit außerhalb einer säkularen rechtsstaatlichen Ordnung. Diese These wird vielleicht nicht auf Anhieb einleuchten. Läßt sich die Religionsfreiheit nicht auch im Rahmen einer religiös begründeten Rechtsordnung realisieren? Kann nicht auch ein christlicher oder islamischer Staat die religiöse Freiheit respektieren? Gibt es nicht geschichtliche Beispiele für eine friedliche Koexistenz unterschiedlicher Religionsgemeinschaften zum Beispiel unter der Herrschaft muslimischer Sultane?

Zugegeben: Religiöse Toleranz ist auch unter den Vorzeichen einer religiösen Rechtsordnung denkbar, und sie hat gerade im islamischen Kontext Tradition.[5] Religionsfreiheit als Menschenrecht meint aber etwas anderes als Toleranz und sollte nicht mit ihr gleichgesetzt oder verwechselt werden. Wie alle Menschenrechte verlangt die Religionsfreiheit Gleichberechtigung, während Toleranz durchaus mit Ungleichheit einhergehen kann. Der Anspruch des Menschenrechts auf Religionsfreiheit wäre deshalb mit einer staatlichen Toleranzpolitik gegenüber religiösen Minderheiten noch lange nicht eingelöst.

Hinzu kommt, dass der Anspruch auf Gleichberechtigung, wie er den Menschenrechten innewohnt, nicht auf einen Katalog „vorstaatlicher" Grundrechte beschränkt bleibt, sondern die politisch-rechtliche Ordnung im ganzen durchwirken soll.[6] Menschenrechte markieren nicht nur eine Schranke der Staatsgewalt, sondern fungieren nach den Worten des Grundgesetzes darüber hinaus „als Grundlage jeder menschlichen Gemeinschaft" (Art. 1 Abs. 2 GG). Sie bilden nicht allein die unüberschreitbare Grenze legitimer Staatsgewalt, sondern zugleich den tragenden Grund der Legitimität der staatlichen Rechtsordnung überhaupt. Das menschenrechtliche Prinzip gleicher Freiheit kann aber nur dann als „Grundlage" der staatlichen Rechtsordnung insgesamt zum Zuge kommen, wenn der politisch-rechtliche Status der Menschen von ihrer Religionszugehörigkeit unabhängig ist. Niemand darf wegen seines religiösen (oder weltanschaulichen) Bekenntnisses bevorzugt oder benachteiligt werden. Auch die Mitwirkung an der politisch-rechtlichen Ordnung muß Menschen unterschiedlicher religiöser und weltanschaulicher Orientierung möglich sein, und zwar in voller Gleichberechtigung. Dies jedenfalls ist der Anspruch des Menschenrechts auf Religionsfreiheit (ein Anspruch freilich, der in Deutschland keineswegs als konsequent eingelöst gelten kann).

Um der Gleichberechtigung aller Menschen willen und aus Respekt vor ihren unterschiedlichen Bekenntnissen ist es dem Rechtsstaat verwehrt, sich mit einer bestimmten Religion oder Weltanschauung zu identifizieren oder diese gar zur normativen Basis seiner eigenen Ordnung zu erheben. Der auf die Menschenrechte und die Religionsfreiheit verpflichtete Rechtsstaat muß folglich religiös und weltanschaulich „neutral" sein. Diese religiös-weltanschauliche Neutralität meint keine allgemeine „Wertneutralität"; und sie hat auch nichts mit einem Niedergang moralischer Prinzipien oder einer umfassenden normativen Skepsis zu tun. (...) Aus Achtung vor der religiösen bzw. weltanschaulichen Freiheit der Menschen, beschränkt sich der Staat darauf, als „weltliche" Ordnungsgewalt die Bedingungen eines menschenwürdigen Miteinanders zu organisieren. In diesem Sinne ist er religiös und weltanschaulich neutral und insofern „säkular".

Um ein Beispiel zu geben: Das Grundgesetz bekennt sich zur unantastbaren Würde jedes Menschen, die zu achten und zu schützen Verpflichtung aller staatlichen Gewalt ist (Art. 1 Abs. 1 GG). Ob die Idee der Menschenwürde aus dem biblischen Motiv der Gottesebenbildlichkeit des Menschen gedeutet wird, ob man sie im Lichte des Korans als Berufung des Menschen zum Statthalter (khalifa) Gottes auf Erden versteht, oder ob sie aus humanistischen Traditionen interpretiert werden soll, bleibt jedoch offen. Dies kann, ja darf der Staat nicht autoritativ entscheiden. Wenn er solche religiösen und weltanschaulichen Fragen offen läßt, so geschieht dies nicht aus Gleichgültigkeit, Skepsis oder Indifferenz, sondern aus Achtung vor der Freiheit der Menschen, die den Staat unbeschadet ihrer unterschiedlichen Bekenntnisse als ihr politisches Gemeinwesen verstehen können sollen. Die „weltanschauliche Neutralität" des säkularen Rechtsstaats hat ihren Grund im Menschenrecht auf Religionsfreiheit und erweist sich so als das Gegenteil einer skeptischen „Wertneutralität". Sie macht Sinn, und sie ist es wert, verteidigt zu werden. Ja, man kann sich zu ihr politisch bekennen, obwohl – bzw. gerade weil – der säkulare Rechtsstaat seinen Bürgerinnen und Bürgern kein umfassendes weltanschauliches Bekenntnis abverlangen darf.

2. Keine „postreligiöse" laizistische Staatsideologie

Wenn der säkulare Rechtsstaat „weltanschaulich neutral" sein will, so folgt daraus, dass die Säkularität nicht zu einer quasi-religiösen oder postreligiösen Staatsideologie stilisiert werden darf. Die politische Loyalität, die der Rechtsstaat von seinen Bürgerinnen und Bürgern einfordert, zielt nicht auf umfassende Gesinnungstreue. Und auch das Bekenntnis zur Säkularität, um das der Staat werben (das er aber letztlich nicht erzwingen) kann, bleibt als politisches Bekenntnis von einem umfassenden religiösen oder weltanschaulichen Glaubensbekenntnis weit entfernt.

Kein Zweifel: Die Säkularität kann ideologisch zu einem weltanschaulichen Konzept aufgebauscht werden. Ein klassisches Beispiel bietet das positivistische Glaubensbekenntnis Auguste Comtes, eines der Gründungsväter der Soziologie. Comte formuliert seine Lehre als eine neue Form atheistischer Religion, die er „Religion der Menschheit" (religion de l'humanité) nennt.[7] Auf der Grundlage moderner Wissenschaft sollen die Soziologen nach Comte gleichsam einen säkularistischen Klerus mit weltweitem Autoritätsanspruch bilden. Ihre Aufgabe besteht darin, als moderne „Priester der Menschheit" die Gesellschaft ideologisch zu formieren und zu diesem Zweck die fortschrittlichen Kräfte von Wirtschaft und Industriearbeiterschaft einzuspannen. Unter dem Banner von „Ordnung, Liebe und Fortschritt" sollen nach Comte Staat und Weltanschauung, die in den Krisen der Moderne auseinandergetreten waren, somit zu einer neuen „soziokratischen" Synthese finden, die nicht weniger geschlossen ist als die alte theokratische Einheit von Staat und Religion. Wie in der christlichen Theokratie des Mittelalters andere Religionen bekämpft oder allenfalls am Rande der Gesellschaft geduldet wurden, so gilt analog auch für die Comtesche Soziokratie, dass sie ihren ideologischen Wahrheitsanspruch gegen alle Konkurrenten mit politischen Mitteln durchzusetzen sucht.

Eine solche säkularistische Fortschrittsideologie hat mit der rechtsstaatlichen Säkularität nichts, aber auch gar nichts gemein. Wenn der weltanschauliche Säkularismus sich mit der Staatsmacht verbindet, führt er in letzter Konsequenz sogar zur Zerstörung der auf die Religionsfreiheit gegründeten rechtsstaatlichen Säkularität. Unter dem Anspruch der Religionsfreiheit muß der säkulare Rechtsstaat deshalb darauf achten, dass er sich nicht für die Zwecke eines weltanschaulichen Säkularismus oder Laizismus einspannen läßt. Diese Gefahr besteht – trotz der Krise der modernen Fortschrittsideologien – auch heute noch. Dazu einige Beispiele: Etatistische Ordnungspolitiker, die sich auf die Komplexität der multireligiösen Gesellschaft inhaltlich nicht einlassen wollen, mögen versucht sein, die vielfältigen Forderungen der Religionsgemeinschaften – vom schulischen Religionsunterricht über den Bau von Gebetsstätten bis zum rituellen Schlachten – mit modernistischer Attitüde als Dunkelmännertum abzutun. Kopftuchtragende muslimische Frauen und Mädchen sehen sich nicht nur im laizistischen Frankreich, sondern auch in Deutschland dem Vorwurf ausgesetzt, rückständig zu sein und sich der Moderne zu verweigern. Zeitungsberichten zufolge hat der Präsident des Bundesamtes für Verfassungsschutz, Peter Frisch, türkische Eltern dazu aufgerufen, ihre Töchter ohne Kopftuch zur Schule zu schicken, weil das islamische Kopftuch ein Zeichen mangelnder Integrationsbereitschaft in die säkulare Verfassungsordnung sei.[8] Auch das „Projekt der Moderne" kann, wenn es zum fortschrittsideologischen Zivilisationsmodell verdinglicht und „vormodernen Kulturen" (gemeint ist damit meistens der Islam) dichotomisch entgegengesetzt wird, zum Bestandteil politischer Ausgrenzungsrhetorik werden.[9]

Gegen die Verwechslung oder Verquickung mit einem fortschrittsideologischen Säkularismus oder Laizismus gilt es, den Sinn der rechtsstaatlichen Säkularität kritisch zu klären: Die Säkularität des Rechtsstaats zielt nicht etwa darauf ab, die Religionsgemeinschaften an den Rand der Gesellschaft abzudrängen, sondern gewährleistet ihnen vielmehr Möglichkeiten freiheitlicher Entfaltung. Es geht darum, den Pluralismus der religiösen und weltanschaulichen Überzeugungen in der modernen Gesellschaft politisch-rechtlich so zu gestalten, dass Freiheit und Gleichberechtigung aller ermöglicht werden. Die im Menschenrecht auf Religionsfreiheit begründete Säkularität ist deshalb das genaue Gegenteil jeder vormundschaftlichen Staatsideologie, das Gegenteil auch eines ideologischen Laizismus.[10]

3. Keine Trennung von Religion und Politik

Dass im säkularen Rechtsstaat Religion und Politik getrennt sein müssten, ist ein selten hinterfragter verfassungspolitischer Gemeinplatz. Die Formel der „Trennung von Religion und Politik" erweist sich bei näherem Hinsehen jedoch als unpräzise und irreführend. Nimmt man sie wörtlich, dann geht der freiheitliche Sinn der Religionsfreiheit – und damit das normative Fundament der rechtsstaatlichen Säkularität – sogar verloren.

Die Religionsfreiheit beschränkt sich nicht darauf, jedem einzelnen die Freiheit seines persönlichen Glaubens und seines persönlichen Bekenntnisses zu garantieren. Sie umfasst über diese unverzichtbare individualrechtliche Komponente hinaus auch das Recht der religiösen Gemeinschaften, sich frei von staatlicher Bevormundung selbst zu organisieren. Und sie eröffnet den Religionsgemeinschaften schließlich auch die Betätigung in der gesellschaftlichen Öffentlichkeit. Dass die Religionsgemeinschaften sich zu politischen Fragen in der Öffentlichkeit äußern können, ist mit der rechtsstaatlichen Säkularität nicht nur vereinbar, sondern erweist sich als Konsequenz jener anspruchsvollen Auffassung von Religionsfreiheit, die dem säkularen Rechtsstaat selbst zugrunde liegt.

Religion ist nicht nur Privatangelegenheit, sondern hat ihren Ort auch in der Öffentlichkeit. Und da die Öffentlichkeit den Raum bildet, in dem Politik sich in der Demokratie vollzieht, können Religionsgemeinschaften auch an der Politik teilhaben. Nicht um die Trennung von Religion und Politik geht es demnach, sondern um die institutionelle Trennung von Religionsgemeinschaften und Staat. Diese Unterscheidung ist wichtig. Denn wer im Namen der Säkularität die Trennung von Religion und Politik fordert, plädiert womöglich für die Abdrängung der Religionsgemeinschaften aus der Öffentlichkeit und redet damit einer autoritär-laizistischen Kontrollpolitik das Wort, die mit der Religionsfreiheit als Menschenrecht unvereinbar ist.[11]

Die institutionelle Trennung von Religionsgemeinschaften und Staat soll die Religionsgemeinschaften vor staatlichen Eingriffen in ihre inneren Angelegenheiten schützen und gleichzeitig die Rechtsstellung der Bürgerinnen und Bürger im demokratischen Rechtsstaat von der Verquickung mit religiöser Mitgliedschaft freihalten. Durch diese Trennung gewinnen daher beide an Freiheit: sowohl die Religionsgemeinschaften als auch der Staat.[12] Auf der Grundlage wechselseitiger Unabhängigkeit können Religionsgemeinschaften und Staat durchaus auch miteinander kooperieren. Ihre institutionelle Trennung meint keine völlige Beziehungslosigkeit. Konkrete Kooperationsverhältnisse zwischen beiden Seiten sind mit der Religionsfreiheit allerdings nur unter der Voraussetzung vereinbar, dass die Zusammenarbeit nicht zur Privilegierung bzw. Diskriminierung bestimmter religiöser Gruppen führt. (...) Angesichts der neuen multireligiösen Realität bedürfen die gewachsenen Strukturen des Zusammenwirkens von Staat und Kirchen in Deutschland indes sicherlich kritischer Überprüfung, weil sie sonst auf eine staatliche Privilegierung der christlichen gegenüber nicht-christlichen Religionsgemeinschaften hinauslaufen können. Die notwendige Überprüfung sollte allerdings nicht der Anlaß für einen „Kahlschlag" sein, sondern zu Überlegungen führen, wie staatliche Förderung in gerechter Weise auch nicht-christlichen Religionsgemeinschaften zugute kommen kann.

4. KEIN EXKLUSIV ABENDLÄNDISCHES ZIVILISATIONSMODELL

Säkulare Verfassungsordnungen wurden historisch zunächst in Nordamerika und Westeuropa durchgesetzt. Dies läßt sich als Faktum schwerlich bestreiten. Es stellt sich allerdings die Frage, wie man dieses historische Faktum interpretiert. Folgt daraus, dass die rechtsstaatliche Säkularität ein exklusives Erbe des Abendlands darstellt? Ist die Säkularität das gleichsam organische Resultat einer spezifisch westlichen kulturellen Entwicklung, vorbereitet bereits im mittelalterlichen Investiturstreit zwischen Imperium und Sacerdotium, wenn nicht gar schon im Jesuswort „Gebt dem Kaiser, was des Kaisers ist, und Gott, was Gottes ist"? Der derzeit prominenteste Vertreter einer solchen „kulturalistischen" Vereinnahmung der Säkularität heißt Samuel Huntington, bekannt geworden durch seine umstrittene These vom drohenden Zusammenstoß der Zivilisationen („clash of civilizations"). In seiner weltpolitischen Landkarte bildet die Trennung von Staat und Religionsgemeinschaften ein exklusives Merkmal der westlichen Zivilisation, durch das diese sich von allen anderen Zivilisationen, namentlich dem Islam, dem Wesen nach unterscheidet.[13]

Wer wie Huntington die institutionelle Trennung von Staat und Religionsgemeinschaften zum Bestandteil des „kulturellen Codes" der westlichen Zivilisation – und nur des Westens – stilisiert, begeht allerdings zwei fundamentale Fehler. Zunächst blendet er die geschichtlichen Kämpfe aus, die auch im Westen nötig waren, um den säkularen Rechtsstaat durchzusetzen. Die katholische Kirche hat die Religionsfreiheit nach langem internem Ringen erst auf dem Zweiten Vatikanischen Konzil (1962-1965) offiziell anerkannt.[14] (...) Erst rückblickend können jene religiösen und kulturellen Motive ausgemacht werden, die es erlauben, durch alle historischen Umbrüche hindurch auch Elemente der Kontinuität zu rekonstruieren.[15]

Die Vereinnahmung der Säkularität zum ausschließlichen Erbe des christlichen Abendlandes bedeutet außerdem – dies ist das zweite Problem –, dass man dadurch Menschen

72

nicht-westlicher Herkunft und nicht-christlicher Orientierung (insbesondere Muslimen) von vornherein die Möglichkeit abspricht, die Säkularität auch im Blick auf ihre eigenen religiösen und kulturellen Traditionen zu verstehen und zu würdigen. Die Forderung, Muslime müßten den säkularen Rechtsstaat anerkennen, wird somit unter der Hand zur Zumutung einer zumindest kulturellen Konversion zum Abendland und seinen „christlichen Werten". Wenn Muslime sich gegen eine solche Zumutung verwahren, kann dies nicht verwundern.

Um der gleichen Freiheit und gleichberechtigten Partizipation aller in der multikulturellen und multireligiösen Gesellschaft willen muß der Rechtsstaat darauf verzichten, die tragenden Verfassungsprinzipien in der Manier Huntingtons als exklusives Erbe der westlich-christlichen Zivilisation zu propagieren. Die Tatsache, dass der säkulare Rechtsstaat in Nordamerika und Westeuropa historisch erstmals wirksam geworden ist, bleibt zwar unbestritten. Deshalb aber die Geltung des säkularen Verfassungsmodells auf die westliche Zivilisation oder Kultur zu beschränken, wäre ein verhängnisvoller Kurzschluß. Vielmehr lassen sich Gründe dafür anführen, dass die Säkularität des Rechtsstaates als freiheitliches Verfassungsprinzip für die religiös und kulturell pluralistischen Gesellschaften der Moderne längst über den „Westen" hinaus Bedeutung gewonnen hat. Sie in kulturellen Erbstreitigkeiten zu zerreiben, wäre politisch verantwortungslos.

(Kapitel III. „Muslimische Kritik der Säkularität" und Kapitel IV. „Das Erbe Ali Abderraziqs" sind hier weggekürzt – siehe Anmerkung 1)

V. Konsequenzen

Die Säkularität des Rechtsstaates ist ein hohes, aber auch ein hochgradig gefährdetes Gut. Sie kann nur dann als freiheitliches Prinzip der demokratischen Verfassung zur Geltung kommen, wenn man sie als politische Herausforderung ernstnimmt. Zunächst gilt es, den freiheitlichen Anspruch des säkularen Rechtsstaats gegen ideologische und kulturalistische Verkürzungen kritisch zu klären. Es muss klargestellt werden, dass die Säkularität des Rechtsstaats weder Ausdruck einer laizistischen Fortschrittsideologie noch Bestandteil etatistischer Kontrollpolitik ist, noch auch ein exklusiv westlich-christliches Modell der Regelung des Verhältnisses von Staat und Religionsgemeinschaften darstellt. Vielmehr hat der säkulare Rechtsstaat seinen Sinn im Menschenrecht auf Religionsfreiheit. Auf der Grundlage einer solchen prinzipiellen Klarstellung kann ein produktives Gespräch mit Muslimen stattfinden. (....)

Die beste Verteidigung des säkularen Rechtsstaats besteht darin, die Religionsfreiheit als Auftrag ernst zu nehmen und möglichst konsequent zur Geltung zu bringen. Wie alle Menschenrechte zielt auch die Religionsfreiheit auf Gleichberechtigung. Es ist jedoch bekannt, dass für die muslimischen Minderheiten in Deutschland die rechtliche Gleichstellung mit den christlichen Kirchen noch aussteht. Hier hat die Mehrheitsgesellschaft gegenüber den

Muslimen eine Bringschuld abzutragen. (...) Es ist an der Zeit, ein Zeichen zu setzen. Bei allen unleugbaren Schwierigkeiten und trotz vieler ungeklärter Fragen gibt es prinzipiell keine Alternative dazu, Muslimen die Chance zur Mitgestaltung an dieser Gesellschaft zu geben, und zwar nach Maßgabe gleicher Freiheit. Wer darin eine Gefahr für die säkulare Rechtsordnung sieht, hat nicht verstanden, worin der Sinn der rechtsstaatlichen Säkularität besteht.

Anmerkungen

1   Dies ist die gekürzte Fassung eines Artikels, der in der Reihe „Der interkulturelle Dialog" von der Ausländerbeauftragten des Landes Bremen veröffentlicht wurde. Wir danken für die freundliche Genehmigung des auszugsweisen Abdrucks. Gekürzt wurden insbesondere alle Anmerkungen sowie die Kapitel, in denen der Autor verschiedene Positionen der inner-islamischen Diskussion über den säkularen Rechtsstaat referiert. Der vollständige Text befindet sich auf der Website der HGDÖ (www.hgdoe.de) unter Nachlese 2000, Konferenz „Muslime im säkulären Rechtsstaat."

2   Vgl. Hermann Lübbe, *Säkularisierung. Geschichte eines ideenpolitischen Begriffs* (Freiburg i.Br./ München: Alber, 1965).

3   Vgl. Richard Potz, *Die Religionsfreiheit in Staaten mit westlich-christlicher Tradition*, in: Johannes Schwartländer (Hg.), *Freiheit der Religion. Christentum und Islam unter dem Anspruch der Menschenrechte* (Mainz: Grünewald, 1993), S. 119-134.

4   Vgl. Gerhard Dilcher/ Ilse Staff (Hg.), *Christentum und modernes Recht. Beiträge zum Problem der Säkularisierung* (Frankfurt a.M.: Suhrkamp, 1984).

5   Vgl. Adel Theodor Khoury, *Toleranz im Islam* (Mainz: Grünewald/ München: Kaiser, 1980).

6   Vgl. Heiner Bielefeldt, *Philosophie der Menschenrechte. Grundlagen eines weltweiten Freiheitsethos* (Darmstadt: Wissenschaftliche Buchgesellschaft, 1998), S. 87ff.

7   Man könnte dies auch übersetzen als „Religion der Menschlichkeit". Zum folgenden vgl. Auguste Comte, *Système de Politique Positive ou Traité de Sociologie, Instituant la Religion de l'Humanité*. Drei Bände (Nachdruck der Ausgabe von 1851, Osnabrück: Otto Zeller, 1967).

8   Vgl. z.B. Süddeutsche Zeitung vom 14. April 1997.

9   Ein typisches Beispiel für solche Ausgrenzungsrhetorik bietet Bassam Tibi, *Im Schatten Allahs. Der Islam und die Menschenrechte* (München/Zürich 1994), S. 48: „Angesichts der Dominanz vormoderner Werte und Normen in der politischen Kultur des Islam ergibt sich der Gegensatz zwischen dem Islam und dem modernen Konzept der Menschenrechte und damit ein Konflikt zwischen islamischer und westlicher Zivilisation."

10 Vgl. Martin Heckel, *Das Säkularisierungsproblem in der Entwicklung des deutschen Staatskirchenrechts*, in: Dilcher/ Staff (Hg.), a.a.O., S. 35-95, hier S. 73.

11 Vgl. Gerhard Luf, *Die religiöse Freiheit und der Rechtscharakter der Menschenrechte*, in: Schwartländer (Hg.), a.a.O., S. 72-92, S. 90: „Sofern es Aufgabe des Grundrechts der Religionsfreiheit ist, nicht bloß formale Grenzen zu ziehen, sondern Realbedingungen des religiösen Freiheitshandelns zu gewährleisten, würde die Privatisierung des Religiösen in einen Neutralismus münden, der eine spezifische Form der Diskriminierung religiöser Lebensformen darstellte."

12 Vgl. José Casanova, *Chancen und Gefahren öffentlicher Religion. Ost- und Westeuropa im Vergleich*, in: Otto Kallscheuer (Hg.), Das Europa der Religionen. Ein Kontinent zwischen Säkularisierung und Fundamentalismus (Frankfurt a.M.: Fischer, 1996), 181-210, hier S. 189.

13 Vgl. Samuel P. Huntington, *The Clash of Civilizations and the Remaking of World Order* (New York: Simon & Schuster, 1996), S. 42ff. u.ö.

14 Vgl. Konrad Hilpert, *Die Menschenrechte. Geschichte – Theologie – Aktualität* (Düsseldorf: Patmos, 1991), S. 147.

15 Vgl. Bielefeldt, a.a.O., S. 124ff., 194.

Muslime im säkularen britischen Multikulturalismus[1]
Tariq Modood

Die starke Präsenz von Muslimen im heutigen Britannien (zwischen einer und zwei Millionen, mehr als die Hälfte aus Südasien, vorwiegend pakistanischer Herkunft) ist eine Folge der Einwanderungen aus dem Commonwealth seit den fünfziger Jahren.[2] Das waren ursprünglich männliche Arbeiter aus dem ländlichen Kleinbauerntum oder Handwerker, die dem Bedarf an ungelernten oder angelernten Industriearbeitern in der britischen Wirtschaft genügten und seit den siebziger Jahren mit Frau und Kindern ankamen. Der Anteil städtischer Fachleute und Akademiker war unter den Muslimen aus Südasien gering, stieg jedoch in den späten Sechzigern und in den Siebzigern mit dem Zuzug politischer Flüchtlinge aus Ostafrika an (obwohl der Hauptanteil dieser Gruppe aus Hindus und Sikhs bestand). Britannien, besonders London als kosmopolitisches Zentrum, war für einige der gutsituierten und gebildeten Klassen aus dem Mittleren Osten besonders seit den siebziger Jahren sehr attraktiv, und viele haben hohe Vermögen in Eigentum in der Stadt angelegt. In dieser Zeit gab es auch Zuzugswellen politischer Flüchtlinge aus anderen Teilen der muslimischen Welt, wovon Somalia und Bosnien zwei erwähnenswerte Fälle aus jüngster Vergangenheit darstellen.

Bewegungen gegen Rassismus ethnischer, religiöser oder sonstiger Art

Die Anwesenheit neuer Bevölkerungsgruppen brachte in Britannien bestimmte Formen des Rassismus zum Tragen, und seit den sechziger Jahren wurden daraufhin Antidiskriminierungsgesetze und -richtlinien erlassen. Diese Gesetze und Richtlinien, zunächst beeinflußt durch das zeitgenössische Denken und einer auf den US-amerikanischen Rassismus gegen die Schwarzen bezogenen Praxis, beruhen auf der Annahme, dass Diskriminierung in der Hautfarbe und der ethnischen Zugehörigkeit begründet wäre. Erst im vergangenen Jahrzehnt wurde muslimische Selbstbehauptung zu einem Thema des Verhältnisses von Mehrheit und Minderheit, vorher wurden der antirassistische Diskurs und die antirassistische Politik von der Idee beherrscht, dass das vordringliche Thema nach der Einwanderung der Rassismus gegen Farbige (colour-racism) sei (Rex und Moore 1967; CCCS 1982; Sivanandan 1985; Gilroy 1987). Der Schriftsteller Salman Rushdie hat diese Sichtweise in die Worte gefasst: „Britannien besteht nun aus zwei völlig verschiedenen Welten, und die Farbe deiner Haut bestimmt, welche davon du ererbst" (Rushdie 1982). Er und die meisten Antirassisten nahmen zwar eine eher pluralistische Sichtweise ein, in der die Präsenz von Muslimen als eine Tatsache angesehen wurde, die zu ignorieren nur zum eigenen Schaden führen würde.

Dennoch bleibt das aus den USA stammende Konzept eines ethnischen Dualismus in reiner oder vermischter Form weiterhin eine einflussreiche Kraft in den Gesellschaftswissenschaften und in der Politik Britanniens (Luthra 1997). Daraus folgt, dass die gesetzlichen und politischen Bezugspunkte immer noch die Sichtweisen und die Prioritätensetzung eines ethnischen Dualismus widerspiegeln.[3]

Bis heute ist es gesetzlich erlaubt, Muslime als Muslime zu diskriminieren, weil die Gerichte Muslime nicht als ethnische Gruppierung ansehen (obwohl Juden und Sikhs als ethnische Gruppierungen im Sinne des Gesetzes anerkannt werden). Zunächst blieb es unbemerkt, dass diese ausschließliche Fokussierung auf Rasse und Ethnizität unter Ausschluß der Muslime, nicht jedoch der Juden und der Sikhs, zu einer Quelle des Unmuts unter den Muslimen wurde. Muslime genießen jedoch einen gewissen indirekten Schutz des Gesetzes, insoweit sie zu ethnischen Gruppierungen wie Pakistanis, Arabern und so weiter gehören. Im Laufe der Zeit wurden Gruppierungen wie die Pakistanis zu aktiven Bestandteilen innerhalb der britischen „ethnischen Beziehungen" (Menschen aus dem Mittleren Osten halten sich selbst für „weiß", so klassifizierten sie sich in der Volkszählung von 1991, und sie sind weder in antirassistischen politischen Aktivitäten noch überhaupt in der Innenpolitik besonders aktiv). Eines der Ergebnisse dieser Politik war die Betonung von Ethnizität bzw. ethnischer Diskriminierung.

Als Schlüsselindikator für ethnische Diskriminierung und Ungleichheit wurde die fehlende Repräsentanz in gehobenen Arbeitsverhältnissen, in öffentlichen Ämtern usw. angesehen. Bei diesem Ansatz muß man Leute bzw. sich selbst definieren und mit Zahlen operieren – und so wurden Gruppen-Definitionen und Streitfragen darüber, welche Bezeichnungen authentisch seien, ein geläufiger Bestandteil in bestimmten politischen Diskursen. Nach einigen Jahren ist deutlich geworden, dass durch diese ungleich wirkenden Antidiskriminierungs-Maßnahmen die Muslime aus Asien und nicht die Schwarzen aus der Karibik, wie die Politiker das ursprünglich erwartet hatten, die am meisten benachteiligten und ärmsten Gruppierungen im Land sind (Modood et al 1997). Die falsche Einordnung der Muslime in ethnische Kategorien und die Verspätung, mit der die gravierenden Benachteiligungen für Pakistanis und Bangladeshis von den Politikern zur Kenntnis genommen wurden, bedeutet für viele muslimische Aktivisten im besten Falle, dass ethnische Beziehungen für die Muslime als ein unangemessenes Politikfeld angesehen wird (UKACIA 1993) und im schlechtesten Falle betrachten sie dies als eine Verschwörung, die den Prozess einer spezifischen sozio-politischen Vereinigung der Muslime verhindern soll (Muslim Parlament 1992). Wir müssen die Entstehungsgeschichte des Konzepts einer alle Minderheiten einschließenden Gleichheit (racial equality) betrachten, um zu erkennen, wie dieses Denken entstehen konnte.

Die Entwicklung des Antirassismus in Britannien folgte zunächst dem amerikanischen Muster und wurde tatsächlich direkt von Amerikanern und Ereignissen in Amerika beeinflußt. Genau wie in den USA der farbenblinde Humanismus von Martin Luther King Jr. mit dem Gewicht schwarzen Stolzes, schwarzer Selbstbestimmung und schwarzen Nationalismus vermischt wurde, wie er von Malcolm X verkörpert wurde, so geschah das auch im Vereinigten Königreich (beide der inspirierten Führer besuchten Britannien). Allerdings wird heute oft und besonders in der englischsprachigen Welt „racial equality" viel weiter gefasst als in den sechziger Jahren.

Diese Entwicklung führte von einem Gleichheits-Verständnis im Spannungsbogen zwischen Individualismus und kultureller Assimilation zu einer Politik der Anerkennung, zur Gleichheit als umfassender öffentlicher Ethnizität. Gleichheit bedeutet dann, dass man seine Herkunft, seine Familie oder Gemeinschaft nicht verstecken oder sich dafür entschuldigen muß. Vielmehr verlangt man von anderen, ihnen Respekt zu zollen und im öffentlichen Verhalten Dispositionen zu entwickeln, damit das Erbe, das darin liegt, eher hervortreten kann, als es gering zu schätzen und zu erwarten, dass es sich auflöse.

Außerdem scheint es zwei verschiedene Konzepte von gleicher Bürgerschaft zu geben, von denen jedes auf einer unterschiedlichen Sichtweise des ‚Privaten' und des ‚Öffentlichen' beruht. Diese beiden Konzepte der Gleichheit könnten wie folgt beschrieben werden:

1. Das Recht, sich der Mehrheit bzw. der dominanten Kultur im öffentlichen Bereich anzugleichen bei gleichzeitiger Tolerierung von „Differenz" im privaten Bereich.
2. Das Recht, seine ‚Differenz' (Minorität, Ethnizität, etc) im öffentlichen wie im privaten Bereich anerkannt und unterstützt zu finden.

Diese Konzeptionen sind jedoch nicht in dem Sinne alternativ, dass man beim Aufnehmen des einen das andere aufgeben müsste. Der Multikulturalismus (wozu sich der Antirassismus jetzt entwickelt hat) verlangt sogar Unterstützung für beide Konzeptionen.

Denn die Annahme hinter dem ersten Konzept lautet: die Teilnahme an der öffentlichen bzw. nationalen Kultur ist notwendig für eine effektive Ausübung der Bürgerrechte; einziges Hindernis dafür seien ausgrenzende Mechanismen, die eine graduelle Angleichung verhinderten.

Im zweiten Konzept wird ebenfalls angenommen, dass die Bürgerrechte von Gruppierungen, die von der nationalen Kultur ausgeschlossen werden, gemindert werden. Dies soll jedoch dadurch geheilt werden, dass das Recht auf Angleichung erweitert wird um das Recht, die (britisch-) nationale Kultur sowie die öffentlichen und medialen Symbole der (britisch-) nationalen Zugehörigkeit zu erweitern und so anzupassen, dass wichtige ethnische Minoritäten darin einbezogen werden.

Man könnte vermuten, dass das zweite Konzept von Gleichheit eine Art Widerspruch in sich trägt: es wird akzeptiert, dass die Teilhabe an der nationalen oder den gemeinsamen Kulturen für die ausgeübte Gleichheit notwendig sei, und doch werden die Individuen ermutigt, minoritäre Identitäten und Gebräuche zu pflegen. An dieser Stelle gibt es tatsächlich eine gewisse Spannung, die vielleicht nur in der Praxis gelöst werden kann, indem man die Punkte einer gemeinsamen Basis zwischen dominanten und untergeordneten Kulturen, wie auch neue Synthesen und Hybriditäten findet und pflegt. Wichtig ist dabei, dass die Last der Veränderung (oder die Kosten, falls nichts verändert wird,) nicht alle einer Seite aufgebürdet werden.

Politik der Differenz – eine kritische Weiterentwicklung liberaler Politik

Mein Anliegen hier – bei meinem Versuch, mich dem politisch-normativen Meinungsklima anzunähern, in dem die britischen Muslime die Sache der Rechte der Muslime angehen und führen können – liegt besonders in der theoretischen Dimension der Politik der ‚Differenz‘ als einer Kritik des liberalen Begriffs von Gleichheit aus den sechziger Jahren.

Es lohnt sich daher, weitere theoretische Quellen dieser Politik zu erwähnen, um herauszustreichen, wie wichtig dies unter den Verfechtern einer vollkommenen Gleichheit aus der linken Mitte, besonders in den Bücher schreibenden und Bücher lesenden Zirkeln in Britannien und anderswo geworden ist.

Es ist eine Politik, die stark gefördert wird vom Aufstieg des philosophischen Anti-Essentialismus in den Gesellschaftswissenschaften. Aus dem ganz unterschiedlichen Werk so verschiedener Denker wie Nietzsche, Heidegger und Wittgenstein stammend, dem unter den Händen jüngerer Theoretiker wie Foucault und Derrida ein gewisser unbestimmter Radikalismus beigefügt wurde, wurde der Anti-Essentialismus auf die ein oder andere Art dazu eingesetzt, hegemoniale Ideen wie Nationalstaat, Gemeinschaft, Klasse und sogar nicht-hegemoniale Begriffe wie Frau, Schwarz und so weiter zu kritisieren (Fuss 1989).

Von Belang ist hier, wie dieser Anti-Essentialismus, wenn er sich mit einer Theorie politischer Gleichheit im Sinne einer Teilhabe am öffentlichen Diskurs verbindet (Arendt 1963 und 1968; Habermas 1983 und 1987), die Einbeziehung in eine politische Gemeinschaft definiert: nicht nach dem Gesichtspunkt, ob die Regeln der bestehenden Politik und ihrer eingespielten Grenzziehungen des Privaten und des Politisch-Öffentlichen akzeptiert werden (so wird es von vielen europäischen Politikern in Bezug auf Muslime gehandhabt) – sondern umgekehrt: Im anti-essenzialistischen Verständnis wird der öffentliche Raum als grundsätzlich umkämpft angesehen, ständig neu zu erschaffen in einem dauernden diskursiven Wettbewerb und in politischen Auseinandersetzungen. Dabei sind die Regeln, welche Belange als angemessen gelten, und die politischen Begrifflichkeiten keineswegs von vornherein festgelegt, sondern Gegenstand des politischen Diskurses, des politischen Aushandelns (Benhabib 1992; Fraser 1992). Von diesem Verständnis aus gesehen wird der Hinweis auf das Prinzip einer Trennung zwischen ‚öffentlich‘ und ‚privat‘ zu einer Diskussionsblockade, das zudem das Anliegen marginalisierter und untergeordneter Gruppierungen als deren Problem abschiebt.

Doch eine politische Integration dieser Minderheiten nach Gleichheits-Kriterien führt unvermeidlich dazu, dass sie die bestehenden Grenzen des Öffentlichen in Frage stellen. Die Integration entwickelt sich in einem Prozess des diskursiven Engagements: wenn marginale

Gruppierungen beginnen, sich vertrauensvoll im öffentlichen Raum zu behaupten und andere anfangen, sich mit ihnen auseinanderzusetzen und in manchen Punkten Übereinstimmung herzustellen – bis hin zum Erlass neuer Gesetze, Verfahrensweisen und so fort.

Dabei können Gesetze und Verfahrensweisen von geringerer Bedeutung sein, denn in diesen Theorien wird die klassische liberale Identifikation des Politischen mit den Bereichen des Gesetzes und des Staates explizit verworfen. Ein weiter gefasstes Verständnis des Politischen ist eher mit der Idee vereinbar, Begrenzungen verschieben zu wollen, die Politik in Debatten zu verlagern. Und dies erlaubt als primäre politische Zielsetzung die Änderung bestimmter Haltungen, Stereotypen, Kennzeichnungen, Bilder in den Medien oder nationaler Symbole.

Deswegen glaube ich, dass wir es in den neunziger Jahren mit einem neuen Konzept von Gleichheit zu tun haben; eines Konzeptes, in dem ‚Repräsentation‘ nicht nur mit der Anzahl verschiedener Kategorien von Menschen in bestimmten Arbeitsverhältnissen oder Machtpositionen zu tun hat, sondern mit ‚Repräsentation‘ als öffentlicher Erscheinungsform von Gruppierungen durch diese Gruppierungen selbst (Hall 1992).

Muslimische Identitäts-Politik: Zur Geschichte des Anti-Rassismus in Großbritannien

Dies könnte alles sehr abstrakt erscheinen. Meiner Ansicht nach ist es aber ein wichtiger Teil der Geschichte der beginnenden Politik der muslimischen Identität in Britannien. Jedenfalls ist es nun an der Zeit, kurz einige der Ereignisse zu erwähnen, die ‚an der Basis‘ geschehen sind. Die Minderheitenpolitik, dieser verschärfte Anti-Rassismus, entstand in Britannien in den siebziger und achtziger Jahren zunächst bei radikalen Aktivisten und in ultralinken Zellen, nach den Unruhen in Brixton 1981 dann auch in einigen Regionalverwaltungen, in den Gewerkschaften, in den radikalen Berufsverbänden des öffentlichen Bereichs (Dienstleistungssektor) und in der Labour Party. Diese Politik fußte auf einem Konzept politischen Schwarzseins. Die britische Bevölkerung wurde in zwei Gruppen geteilt: Schwarze und Weiße. Die erste Gruppe umfasste alle potenziellen Opfer von Rassismus, obwohl man theoretisch davon ausging, dass vor allem die afro-karibische Bevölkerung davon betroffen sei, und praktisch schien sich dies auch zu bestätigen.

Diese politische Bewegung spielte bei der Problematisierung von Ethnizität in Britannien eine wichtige Rolle und wurde für viele zu einem Bezugspunkt ihrer Identität (heute weniger als auf ihrem Höhepunkt Mitte und Ende der achtziger Jahre). Es bleibt offen, ob diese politische Identität an irgendeinem Punkt von der Mehrheit der Südasiaten oder der Muslime angenommen wurde – ich glaube es nicht. Zwei Dinge allerdings sind klar: Erstens, dass diese Identität in den Achtzigern von politischen Aktivisten aus Asien angenommen wurde, besonders von solchen, deren Aktivitäten sich vornehmlich auf die britische Mehrheitsgesellschaft richtete und weniger auf die Organisierung der eigenen Gemeinschaft. Zweitens dass ab den späten Achtzigern, wenn nicht schon früher, die meisten Asiaten auf eine differenziertere ethnische oder religiöse Identität Wert legten als die eines allumfassenden Nicht-Weiß-Seins.

Das politische Schwarzsein löste sich daher an den Wurzeln in dem Moment (in den achtziger Jahren) auf, als es im öffentlichen Leben Britanniens für den Minderheitendiskurs zum alles beherrschenden Begriff wurde. Das herausragende Ereignis, dass dies höchst dramatisch illustrierte, war der Kampf um die ‚Satanischen Verse‘, der 1988/89 entbrannte. Von allen Beteiligten wurde er als ein Kampf der Muslime gegen den Westen begriffen. Auf muslimischer Seite rief er leidenschaftliche Aktivitäten und eine Mobilisierung hervor, weit entfernt von jeder vorhergehenden Kampagne gegen den Rassismus (Modood 1990). Manch ‚abgefallener‘ oder ‚passiver‘ Muslim (besonders nicht religiöse Muslime, für die bis zu jenem Zeitpunkt ihre muslimische Herkunft unwichtig war,) entdeckte eine neue Solidarität mit der Gemeinschaft (wieder). Auffallend war, dass die Muslime, als die öffentliche Wut gegen sie ihren Siedepunkt erreicht hatte, bei keiner farbigen Minderheit um Solidarität ersuchten. Sie wurde ihnen auch nicht angeboten. Tatsächlich waren es einige anglikanische weiße Liberale, die versuchten, die Feindseligkeiten gegen die verärgerten Muslime einzudämmen; und es waren eher ökumenische Foren als politische Organisationen der Schwarzen, die versuchten, einen Ort zu schaffen, an dem die Muslime ihren Fall darlegen konnten, ohne verunglimpft zu werden. Die politischen Schwarzen – die bis dahin als die Hauptträger der Ethnizitätenpolitik der Nacheinwanderungsphase galten – wurden als irrelevant für dieses Thema erkannt. Für viele Muslime aber war es grundlegend, um die Art von ‚Anerkennung‘ bzw. ‚Entgegenkommen‘ zu bestimmen, die als angemessen empfunden wurde für eine friedliche multikulturelle Gesellschaft, anders gesagt: für eine politische Verankerung von ‚Differenz‘ in Britannien (Modood 1994).

Einmal herausgelassen, kann der Geist nicht wieder verkorkt werden. Innerhalb eines sehr kurzen Zeitraums wurde ‚Muslim‘ als eine Schlüsselidentität politischer Minderheiten anerkannt, von Rechts und Links, von Bigotten und Freisinnigen, von den Medien und der Regierung. Der Begriff wurde für die lokale Politik der Gemeinschaften unerlässlich und gedeiht auch durch romantisierte, globale Zusammenhänge, wenn die Kriege und Massaker in Palästina, Bosnien, in den Golfstaaten, Tschetschenien, Kaschmir und Indien unsere Zeitungen und Fernsehschirme füllen. Einige junge, in England geborene Muslime verleitet dies dazu, das Konzept der „umma“ (der Gemeinschaft aller Muslime) als globales Opfer neu zu erfinden.

Diese Politik führte nicht nur zur Anerkennung einer neuen religiösen Vielfalt in Britannien, sondern zu einem neuen bzw. wiederbelebten politischen Gewicht von Religion. Neueste statistische Erhebungen zeigen mit überwältigender Deutlichkeit, dass die Religion in der Familie die wichtigste Quelle der eigenen Identität unter den Menschen südasiatischer Herkunft darstellt, besonders bei den Muslimen. Die ‚Vierte nationale Erhebung über ethnische Minderheiten‘, ein umfangreiches, für das ganze Land repräsentatives Gutachten, fand heraus, dass in den Selbstbeschreibungen von Südasiaten eher die Religion an erster Stelle stand und nicht die Hautfarbe, die in den Selbstbeschreibungen der Kariben an erster Stelle stand (Modood et al 1997). Das ist dem Gemeinschaftsgeist ebenso sehr geschuldet wie dem persönlichen Glauben, und die Identifizierung mit der Religion und ihre Vormachtstellung ist nicht bloß nominell. Nur wenige Asiaten heiraten über Religions- oder Kastenschranken hinweg und die meisten erwarten, dass ihre Kinder in die Religion eingeführt werden. In einer Zeit, in der ein Drittel der Briten angibt, keine Religion zu haben, sagten beinahe alle Südasiaten, dass sie eine hätten. 90% gaben an, dass Religion für sie wichtig sei (verglichen mit 13% der Weißen). Während ungefähr ein Viertel der Weißen einmal im Monat oder öfter einen Gottesdienst aufsucht, geschieht dies bei mehr als der Hälfte der Hindus und bei sieben von zehn Sikhs. Beinahe zwei Drittel der Muslime gehen zumindest einmal in der Woche. Selbst die Jüngeren zeigten eine außergewöhnlich hohe Verbindlichkeit: mehr als ein Drittel der Inder und afrikanischen Asiaten und zwei Drittel der Pakistanis und Bangladeshis zwischen 16 und 34 gaben an, dass Religion sehr wichtig für ihre Lebensführung sei, verglichen mit fünf Prozent der Weißen (wobei etwa ein Fünftel der Kariben diese Sichtweise teilten).

Es gilt, hier zwei wichtige Punkte hinsichtlich dieser Identitäten, besonders der muslimischen, festzuhalten: Erstens können sie nicht als nur zum Privatleben gehörend angesehen werden, das keinen Bezug zu öffentlichen Regelungen und Ressourcen hätte. So sagte zum Beispiel die Hälfte der befragten Muslime, dass muslimische Schulen staatlich gefördert werden sollten.

Zweitens sind religiöse und ethnische Identitäten nicht einfach Ausdruck eines Verhaltens, einer Teilhabe an bestimmten kulturellen Praktiken. Denn es gab bei allen Generationen einen wahrnehmbaren Rückgang in der Teilnahme an kulturellen, mit einer bestimmten Identität verbundenen Praktiken (Sprache, Kleidung, Teilnahme an Gottesdiensten und so weiter) – und zwar in Relation mit der in Britannien verbrachten Zeitdauer. Dennoch war die Abnahme der Selbstidentifizierung mit einer Gruppierung (Schwarze, Muslime, etc) vergleichsweise gering. Das heißt, dass es in Britannien zum Beispiel Leute gibt, die von sich selbst behaupten, dass sie Muslime seien, aber überhaupt nicht religiös sind.

In einem bestimmten Sinne ist das weder neu noch besonders. In einem anderen Sinne bezeichnet es ein neues Konzept ethno-religiöser Identitäten. Denn wir reden nicht von passiven oder schwindenden Identitäten. Das hieße, den Stolz zu übersehen, in dem sie geltend gemacht werden, den Eifer, in dem sie zur Debatte gestellt werden, und ihre Fähigkeit zur Mobilisierung für gemeinschaftliche Aktivitäten und politische Kampagnen. Viele Leute können sich immer noch leidenschaftlich über die öffentliche Anerkennung und für eine Stärkung bestimmter Aspekte ihrer gemeinschaftlichen Identität erregen, auch wenn sie persönlich diese für sich selbst nicht in Anspruch nehmen möchten. So war zum Beispiel die Forderung nach öffentlicher Förderung muslimischer Schulen zu einer Quelle von Beschwerden geworden. Dabei strichen einige säkular eingestellte wie auch religiöse Muslime die Ungerechtigkeit eines Systems heraus, das zwar christliche und jüdische, nicht aber muslimische Schulen fördere. Dennoch gaben in unserer Erhebung nur die Hälfte der Muslime, die die Förderung muslimischer Schulen unterstützten, an, dass sie es vorziehen würden, ihr eigenes Kind auf eine muslimische Schule zu schicken, wenn sie die Wahl hätten. Muslimische Puristen könnten diese Ambivalenzen gering schätzen, doch hängt der Erfolg der muslimischen Kampagne zum Teil von der Unterstützung durch nicht völlig religiöse Muslime ab, von einer extensiven Mobilisierung der muslimischen Gemeinschaft. Von daher wäre es falsch, die nicht ganz religiösen Muslime als nur formelle oder ‚symbolische' Muslime abzutun (Rex 1996: §4.13).

Panischer Rückzug auf die liberale Unterscheidung von privat und öffentlich

Die Entstehung einer Politik der Differenz aus und neben einer liberalen Politik assimilationistischer Gleichheit entfachte bereits Kontroversen, doch das Auftauchen einer britisch muslimischen Identität aus und neben ethnischen Identitäten provozierte noch größere Kontroversen. Philosophisch betrachtet sollte dies eigentlich weniger Unstimmigkeit schaffen, denn mir scheint die Bewegung von der Gleichheit des Gleichen zur Gleichheit in Differenz eine grundlegendere konzeptionelle Entwicklung zu sein als die Schaffung einer neuen Identität in einem Feld voller Identitäten von Minderheiten. Aber das hieße, ganz naiv die bestimmende Macht des Säkularismus in der britischen Kultur, besonders in der Mitte und bei der Linken, nicht zur Kenntnis zu nehmen. Während schwarze und ihr verbundene Identitäten von der Regenbogenkoalition der Identitätspolitik willkommen geheißen wurden, eigentlich deren Innerstes bildeten, war dieselbe Koalition mit der Selbstbehauptung der Muslime zutiefst unglücklich. Bei einigen ist diese Zurückweisung mit dem Islam verbunden, doch bei vielen wird als Grund vorgeschoben, dass es sich um eine religiöse Identität handelt.

Wenn man diesen Einwand beim Wort nimmt, ist höchst interessant, dass dabei Differenz-Theoretiker, Anti-Rassismus-Aktivisten und bezahlte Profis wieder auf eine Unterscheidung zwischen ‚privat' und ‚öffentlich' zurückgreifen, die sie zwei oder drei Dekaden lang zu zerstören suchten. Die Unannehmbarkeit, der schlechte Geruch, der muslimischer Identität anhaftet, hat ohne Zweifel zum Teil mit den konservativen Positionen muslimischer Sprecher zu Geschlechterfragen und zur Sexualität zu tun, nicht zu vergessen – seit der Rushdie-Affäre – zum Thema ‚Meinungsfreiheit' (Modood 1993)[4]. Aber hierbei handelt es sich um Einwände gegen bestimmte (islamische) Sichtweisen, gegen die in der Tat Punkt für Punkt argumentiert werden kann – es sind keine Einwände gegen eine Identität. Der grundlegende, gegen eine muslimische Identität vorgebrachte Einwand ist, dass es sich um eine politisierte religiöse Identität handelt.

Der Grund der Ablehnung ist, dass Religion zur Privatsphäre gehöre und keine legitime Basis für eine politische Identität sei. Dies ist eine klassische liberale Unterscheidung, der in reinen Form jedoch nie entsprochen wurde, außer – auf unterschiedliche Weise – vielleicht in Frankreich und in den USA. Und selbstverständlich ist sie mit der Perspektive einer Politik der Differenz in Anbetracht der oben beschriebenen strittigen – und neu auszuhandelnden – Natur der Unterscheidung zwischen Privatem und Öffentlichem nicht zu vereinbaren. Die Unterscheidung paßt auch nicht zur modernen britischen Gesellschaft, in der es eine ‚Staatskirche‘ gibt, deren Oberhaupt gleichzeitig Monarch und Staatsoberhaupt ist.

Deshalb haben in den letzten Jahren viele Liberale und radikale Multikulturalisten erklärt, sie hielten es an der Zeit, die ‚Church of England‘ vom Staat zu trennen (Yuval-Davis 1992). Außergewöhnlich genug wurde behauptet, dass die Einbeziehung religiöser Minderheiten, wie der Muslime, in die britische politische Ordnung nicht nur nach der Abschaffung der verfassungsmäßigen Privilegien der Kirche von England verlangt, sondern auch nach der Auflösung jeglicher Verbindung, sei sie lokal oder zentral, zwischen Staat und Religion. Eine explizite Folgerung daraus wäre das Auslaufen staatlicher Förderung für Konfessionsschulen, von denen es Tausende gibt (Erst im Dezember 1997 haben zwei muslimische Grundschulen diesen Status erreicht). Zunächst haben sich nur wenige Angehörige religiöser Minderheiten an diesen Diskussionen beteiligt. So waren die säkularen Multikulturalisten gehalten, für die marginalisierten religiösen Minderheiten zu sprechen. In letzter Zeit haben sich jedoch Sprecher einer ganzen Reihe nicht-christlicher religiöser Minderheiten dafür eingesetzt, eine symbolische und unabhängige Verbindung zwischen Religion und Staat aufrechtzuerhalten (Modood 1997). Tatsächlich und irgendwie überraschend sind trotz der Diskussionen um verschiedene Vorteile für Minderheitenreligionen und trotz der Forderung nach einer Gesetzgebung gegen religiöse Diskriminierung als Ergänzung zur ethnischen Diskriminierung die Privilegien der anglikanischen Kirche oder auch die Konzeption, dass Britannien ein christliches Land ist/sein sollte, nicht in Frage gestellt worden (Modood 1997).

Einmal mehr lohnt es sich herauszustreichen, dass die Panik, die der Anstieg muslimischer Selbstbehauptung unter den säkularen Multikulturalisten verursachte, in vorhersehbaren Reaktionen und in Wankelmut mündete. Indem sie die Diskussion über Religion und Politik in die entgegengesetzten Optionen von Staatskirche und der Trennung von Staat und Kirche zwängten, haben sie andere Alternativen verschleiert, wie die Ersetzung der Verbindung von Anglikanern bzw. Christen mit dem Staat durch eine vielfache Verbindung des Staates mit den Religionen oder durch die Entwicklung anderer Formen der Institutionalisierung, die einer Gesellschaft mit vielen Glaubensgemeinschaften politischen und administrativen Ausdruck verleihen würde. Es wurden auch keine Laienvertreter oder säkulare Formen der Repräsentation für Muslime und verwandte Gruppierungen vorgeschlagen. Tatsächlich würde letzteres auch mehr mit dem Ethos des sunnitischen Islam übereinstimmen. In Britannien werden die meisten Moscheen von lokalen Laienvereinigungen geführt und der Mullah oder der Imam sind untergeordnete Angestellte. Auch auf nationaler Ebene besitzen sehr wenige, die danach streben, muslimische Sprecher und Vertreter zu sein, religiöse Autorität. Die anderen Muslime erwarten dies auch gar nicht. So sollte die Diskussion mehr um die Anerkennung und die Unterstützung von Gemeinden gehen, als notwendigerweise um kirchliche oder spirituelle Repräsentanz in politischen Institutionen.

Diese Debatten wären wesentlich besser zu führen in Begriffen von ,Gruppen-Anerkennung' und von Öffentlichkeit, wie sie derzeit das multikulturelle Denken prägen. Stattdessen wird angenommen, dass ein religiöses Bekenntnis, solange es nicht Teil der etablierten Ordnung ist, als eine Angelegenheit privater religiöser Betätigung und religiösen Bewusstseins anzusehen sei, das keinen Platz unter den öffentlichen politischen Identitäten habe. Dabei benutzen multikulturelle Befürworter einer strikten Trennung von Staat und Kirche unterschiedliche Normen von Öffentlichkeit für Religion und für ethnische bzw. andere Identitäten. Auf diese Weise haben wir die konfuse Situation, in der säkulare Multikulturalisten vertreten, dass das Sexualleben von Individuen – traditionell ein Kernstück liberaler Privatheit – zu einem legitimen Bestandteil politischer Identitäten und des öffentlichen Diskurses wird, während auf der anderen Seite Religion – eine Hauptquelle der gemeinschaftlichen Identität in traditionellen, nicht-liberalen Gesellschaften – als Privatangelegenheit gesehen wird. Muslimische Identität wird so zum illegitimen Kind des britischen Multikulturalismus.

Tatsächlich offenbarte die Rushdie-Affäre, dass die Gruppierung in der britischen Gesellschaft, die zu den politisierten Muslimen in heftigster Opposition stand, nicht die Christen oder etwa die rechtsradikalen Nationalisten waren, sondern die säkulare, liberale Intelligentsia.[5] Während feindselige Presseberichte und aufhetzende Überschriften über Schwarze eher für die Revolverblätter als für seriöse Zeitungen kennzeichnend sind, werden Muslime selbst in seriösen Zeitungen häufig in einer Art und Weise kritisiert wie wenige andere Minderheiten. Muslime merken oftmals an, wenn in einem solchen Artikel das Wort ,Muslime' durch ,Juden' oder ,Schwarze' ersetzt würde, würde die fragliche Zeitung als rassistisch angegriffen und strafrechtlich verfolgt werden (vgl. den Bericht des Runnymede Trust über Islamfeindlichkeit von 1997). Die umfangreiche ,Vierte Erhebung' ergab, dass bloß nominelle bzw. unreligiöse Christen eher angaben, dass sie Vorurteile gegenüber Muslimen hegten, als solche Christen, die sagten, ihnen sei ihre Religion wichtig (Modood et al 1997, S. 134). Genau wie die Feindseligkeit gegenüber Juden zu verschiedenen Zeiten und an unterschiedlichen Orten eine sich verändernde Mischung von Anti-Judaismus (Feindlichkeit gegenüber einer Religion) und Antisemitismus (Feindlichkeit gegenüber einer ethnisch definierten Gruppierung) war, so ist es auch schwierig, zu beurteilen, in welchem Ausmaß die gegenwärtige britische Islamfeindlichkeit ,religiös' und in welchem Maße sie ,ethnisch' bedingt ist.

Es wird generell eingeräumt, dass von allen Gruppierungen die Asiaten heutzutage die meisten Feindseligkeiten zu gewärtigen haben. Die Asiaten selbst meinen, dies wäre so, weil die Feindlichkeit auf die Muslime abgeleitet wird (Modood et al 1997). Diese Sachverhalte sind nicht leicht zu entwirren. Sie sind noch kaum wissenschaftlich untersucht worden und der sich gegen die Muslime richtende Rassismus wird gerade eben erst von den Antirassisten wahrgenommen. Man muß auch einräumen, dass es einen analytischen Raum für eine freimütige Kritik an Bestandteilen der muslimischen Doktrinen, Ideologien und Praktiken geben muß, die nicht einfach als Islamfeindlichkeit abgetan werden kann – dies ist genau das gleiche Problem, das bei der Unterscheidung zwischen Antizionismus und Antisemitismus besteht.

Schlussbemerkung

Zum Schluss will ich nur anmerken, dass das Erscheinen muslimischer politischer Aktivitäten den britischen Multikulturalismus in politische wie praktische Verwirrung gestürzt hat. Dies ist Besorgnis erregend, weil es keine Vereinbarung über ethnische Beziehungen ohne die Muslime geben kann, weil fast die Hälfte aller Farbigen Muslime sind. Auf der anderen Seite können die Muslime ohne politische Verbündete und ohne das Wohlwollen der gebildeten Klassen nicht vorwärts kommen – und beides wird ihnen zur Zeit verweigert. Von internationalem und vergleichendem Interesse könnte sein, dass diese Debatte – so weit mir bekannt ist – in keinem anderen Land zu diesem Zeitpunkt in vergleichbarer Weise geführt wird. So kann Britannien Frankreich gegenübergestellt werden, wo die Anwesenheit der Muslime einen neorepublikanischen, anti-multikulturalistischen Konsens hervorgerufen hat (Modood und Werbner 1997). In Britannien dagegen gewinnt der Multikulturalismus weiterhin politisch an Boden, während sich paradoxerweise der Gegensatz zwischen rivalisierenden Standpunkten des Multikulturalismus vertieft (Modood 1998).

Übersetzung: Beate-Ursula Endriss und Thomas Hartmann

Literatur:

Anwar, M. (1993) *Muslims in Britain: 1991 Census and other Statistical Sources*, CSIC Europe Papers no 9, Centre for the Study of Islam and Christian-Muslim Relations, Birmingham.
Arendt, H (1963) *On Revolution*, New York: Viking Press.
Arendt, H (1968) *Human Condition*, London: University of Chicago.
Benhabib, S (1992) *Situating the Self*, New York: Routledge.
CCCS (Centre for Contemporary Cultural Studies) (1982) *The Empire Strikes Back*, London:Hutchinson.
Fraser, N (1992) 'Rethinking the Public Sphere' in Calhoun, G (ed) *Habermas and the Public Sphere*, Cambridge, Mass.: MIT Press.
Fuss, D (1989) *Essentially Speaking*, New York: Routledge.
Gilroy, P (1987) *There Ain't No Black in the Union Jack*, London: Routledge
Habermas, J (1983) *The Theory of Communicative Competence*, vol 1: *Reason and the Rationalisation of Society*, Boston: Beacon.
Habermas, J (1987) *The Theory of Communicative Competence* vol 2: *Lifeworld and System*, Boston: Beacon.

Hall, S (1992) 'New Ethnicites' in Donald J. and A. Rattansi (eds), *'Race', Culture and Difference* (London: Sage 1992)

Goulbourne, H (1991a) 'Varieties of Pluralism: the notion of a pluralist, post-imperial Britain', *New Community*, 17 (2), January.

Goulbourne, H (1991b) *Ethnicity and Nationalism in Post-imperial Britain*, Cambridge: Cambridge University Press.

Luthra, M (1997) *Britain's Black Population: Social Change, Public Policy and Agenda*, Aldershot: Ashgate.

Modood, T. (1990a) 'British Asian Muslims and the Rushdie affair' *Political Quarterly*, vol. 61, no. 2, pp. 143-160; reproduced in Donald J. and A. Rattansi (eds), *'Race', Culture and Difference* (London: Sage 1992).

Modood, T (1990b) 'Catching up with Jesse Jackson: being oppressed and being somebody', *New Community*, 17 (1), October; reproduced in T. Modood (1992) *Not Easy Being British: Colour, Culture and Citizenship*, London: Runnymede Trust.

Modood, T. (1993) 'Muslims, Incitement to Hatred and the Law' in J. Horton (ed) *Liberalism, Multiculturalism and Toleration*, London:Macmillan.

Modood, T. (1994) 'Political blackness and British Asians', *Sociology*, vol. 28, no. 3

Modood, T. (ed.) (1997), *Church, State and Religious Minorities*, (London: Policy Studies Institute).

Modood, T. et al (1997) *Britain's Ethnic Minorities:Diversity and Disadvantage* (London:Policy Studies Institute).

Modood, T. and Werbner, P. (eds) (1997) *The Politics of Multiculturalism in the New Europe: Racism, Identity and Community*, London: Zed Books.

Modood, T (1998) 'Anti-Essentialism, Multiculturalism and the 'Recognition' of Religious Minorities', *Journal of Political Philosophy*, 6 (4) December, pp. 378-399

Muslim Parliament of Great Britain (1992) *Race Relations and Muslims in Great Britain: A Discussion Paper*, London: The Muslim Parliament.

Pateman, C (1988) *The Sexual Contract*, Stanford: University of Stanford Press.

Peach, C (1990) 'The Muslim Population of Great Britain', *Ethnic and Racial Studies*, 13 (3), July.

Rex, J (1996) 'National Identity in the Democratic Multi-Cultural State'. *Sociological Research Online*, 1 (2), http://www.socresonline.org.uk/socresonline/1/2/1.html

Rex, J and Moore, R (1967) *Race, Community and Conflict*, Oxford University Press.

Rushdie, S (1982) 'The New Empire Within Britain', *New Society*, 9 December.

Sivanandan, A (1985) 'RAT and the Degradation of the Black Struggle', *Race and Class*, XXVI (4).

UKACIA (1993) *Muslims and the Law in Multi-faith Britain: Need for Reform*, London: UK Action Committee on Islamic Affairs.

Anmerkungen

1   Ein Teil dieser Arbeit wurde durch ESRC-Stipendium R000222124 gefördert, wofür ich dankbar bin. Eine englische Version dieses Artikels – der in dieser deutschen Veröffentlichung gekürzt ist – wurde im Oktober 1998 auf dem Symposium ‚Islam und die veränderte Identität Europas' der Universität Berkeley vorgetragen und ist beim Autor erhältlich (t.modood@bristol.ac.uk). Angaben über das ESRC-Projekt sind unter www.regard.ac.uk erhältlich. Eine ausführlichere Version erscheint im Jahr 2001 in: „Islam and the changing identity of Europe", herausgegeben von N. Al-Sayyad, M. Castells und L. Michalak.

Anmerkung der Herausgeber:
Ein Teil der Argumentation dieses Artikels erhält seine Logik aus dem Gebrauch der Begriffe „Racism" (Rassismus) bzw. „racial" (rassistisch) im Englischen, der in der deutschen Übersetzung nur schlecht direkt übertragen werden kann: Mit „Racism" wird heutzutage nicht nur Rassismus im Sinne einer (ethnischen) Diskriminierung aufgrund der Hautfarbe – wie im Deutschen – verstanden, sondern auch eine entsprechende Diskriminierung aus anderen Gründen: etwa Geschlechter-Diskriminierung oder hier insbesondere religiöse Diskriminierung.
Teil des Artikels ist es gerade, diese Ausweitung des Bedeutungsgehalts von „Racism" bzw. „racial" in seinem historischen Kontext in Großbritannien in den letzten 10 Jahren darzustellen. Wobei der Autor diese Begriffe natürlich in diesem erweiterten Sinne benutzt, in dem sie inzwischen in Großbritannien verstanden werden. Sie umfassen also

nicht nur ethnischen Rassismus, sondern auch andere Formen von Diskriminierung und Ausgrenzung wie „Geschlechter-Rassismus" oder „religiösen Rassismus".

Solche Begriffe sind im Deutschen aber ungebräuchlich und können jedenfalls nicht allein mit dem Wort „Rassismus" wiedergegeben werden. Vielfach haben wir „racism" in diesem erweiterten, umfassenderen Sinne mit „Diskriminierung" übersetzt – obwohl dieser Begriff (den es auch im Englischen gibt, aber vom Autor eben nicht benutzt wurde) schwächer ist, weniger anklagend als der Vorwurf des „Rassismus".

Ähnlich verhält es sich mit dem Adjektiv „racial", dessen Bedeutung „rassistisch" im Deutschen nicht in allen Kombinationen wiedergegeben werden kann. Mehrfach haben wir es mit dem (schwächeren) Adjektiv „ethnisch" übersetzt. Teilweise wurde sein Inhalt anders ausgedrückt: etwa „racial equality movement" mit „Bewegung gegen Rassismus ethnischer, religiöser oder sonstiger Art" (statt „Bewegung für Rassengleichheit" in einem – im Deutschen unüblichen – erweiterten Sinne) oder „concept of racial equality" mit „Konzept einer alle Minderheiten einschließenden Gleichheit". „Politik für 'racial equality'", wurde mit „antirassistischer Politik" (statt „Politik für Rassengleichheit") übersetzt in der Hoffnung, dass seine erweiterte, umfassendere Bedeutung aus dem Kontext deutlich und in dieser Formulierung im Deutschen am ehesten nachvollzogen wird.

2   Im Gegensatz zu ethnischen Gruppierungen gibt es im Vereinigten Königreich bisher keine Angaben für Religion bei Volkszählungen. Die Schätzungen für Muslime variieren von etwa einer Million (Peach 1990) bis zu den Angaben der Aktivisten von zwei Millionen. Die Annahme von etwa 1,3 bis 1,5 Millionen ist angemessen (Anwar 1993). Etwa ein Drittel der Muslime ist pakistanischer Herkunft, etwa 15% stammen aus den anderen Ländern Südasiens und etwa 15% stammen aus verschiedenen arabischen Staaten.

3   Dies gilt weit mehr für die Kariben als für die Südasiaten. Jedenfalls waren sie zumindest oberflächlich in der Lage, ethnische Selbstbehauptung ('Schwarz' als Stolz auf die afrikanischen Wurzeln) mit einer weiter gefassten politischen Solidarität ('Schwarz' als das alle Farbigen Umfassende) ohne eine neues Identitätsvokabular zu verbinden.

4   Trotzdem bleibt anzumerken, dass Homophobie bei Muslimen in weit stärkerem Maße verurteilt wird als etwa die Homophobie der Schwarzen. Und die Empfindlichkeiten der Muslime gegenüber verletzender Literatur wird weit weniger zustimmend behandelt, als die der radikalen Feministinnen gegenüber der Pornographie und die der Juden gegenüber einem Revisionismus des Holocaust, die legalen Beschränkungen gegen Aufhetzung zum Rassenhass nicht zu vergessen (Modood 1993).

5   Die Emotionen sind gegenseitig: Muslime wettern privat wie öffentlich nicht gegen die christliche Hegemonie, sondern gegen den radikalen Säkularismus und einen sexuellen Liberalismus.

Die europäischen Muslime – Wandlungen und Herausforderungen
Tariq Ramadan

Die Lage des Islam in Europa ist im universitären Umfeld wie in den Medien zu einem häufig aufgenommenen Thema geworden – und das praktisch in jedem Land dieses Kontinents. Es war bekannt, dass es in einigen Ländern wie Frankreich, Großbritannien oder Deutschland eine bedeutende muslimische Minderheit gab, doch heutzutage gilt dies von Südspanien bis Nordskandinavien. Die Zahlen sind nicht genau, aber man rechnet allein in Westeuropa mit 14 bis 18 Millionen Muslimen. Erst seit kurzem wird bewusst zur Kenntnis genommen, was diese neue Gegebenheit bewirkt, und mit den neuen, in Europa geborenen Generationen von naturalisierten oder tatsächlich eingebürgerten Muslimen nimmt die politische und kulturelle Zukunft der Alten Welt völlig neue Gestalt an.

Lange hatte man in den politischen Zirkeln geglaubt, es gäbe im Grunde nur eine Alternative: entweder würden sich die Muslime auf die eine oder andere Art kulturell und religiös assimilieren und echte Europäer werden, oder sie blieben ihren Wurzeln verhaftet und würden dann wohl oder übel an den Rändern der europäischen Gesellschaften verbleiben, immer ein wenig fremd, nie wirklich eingebürgert.

Seit fünfzehn oder zwanzig Jahren hat sich die Art der Präsenz von Muslimen auf dem Kontinent verändert und ist gegen alle Vorhersagen zu einer ständigen geworden. Im öffentlichen Raum sind Prozesse der Integration und der produktiven Auseinandersetzungen durch einen neuartigen Typus von politischen Leitfiguren zu beobachten, und das in erster Linie in den Ländern, in denen muslimisches Dasein historisch tief verwurzelt ist, wie in Großbritannien oder Frankreich. Es geht künftig darum, seine Zugehörigkeit zum Islam unter Beweis zu stellen, diesen sichtbar zu machen, ohne dass das etwa bedeuten würde, die soziale, politische, ökonomische und kulturelle Integration zurückweisen zu wollen. Im Gegenteil: man findet zunehmend muslimische Vereinigungen, die sich um den Aufstieg in eine aktive und verantwortungsvolle Staatsangehörigkeit bemühen, was sich ebenfalls positiv auf die Art ihrer Präsenz in den europäischen Gesellschaften auswirkt.

Vereinigungen wie „Young Muslims (YM)" oder „Islamic Society of Britain (ISB)" in Großbritannien oder das „Collectif National des Associations Musulmanes (CNAM)" (Dachverband der muslimischen Vereinigungen in Frankreich), die „Etudiants Musulmans de France (EMF)" (Muslimische Studentenvereinigung Frankreichs) und die „Union des Jeunes Musulmans (UJM)" (Vereinigung junger Muslime) in Frankreich entwickeln – unter Hunderten von anderen Strukturen – einen völlig neuen Bezug zu ihrer Umwelt: als Bürger islamischen Bekenntnisses beanspruchen sie das Recht, Muslime zu bleiben und wirken auf ein neues Bewusstsein ihrer Verantwortung hinsichtlich der staatsbürgerlichen Pflichten hin.

Auch in Deutschland entfalten sich diese Angelegenheiten außerordentlich schnell: das sehr restriktive Gesetz zur Staatsbürgerschaft und die Natur der türkischen muslimischen Bevölkerung, die ihrem Heimatland meist sehr verbunden ist, haben den Prozess der Integration über Jahrzehnte hinweg gebremst. Heutzutage findet man eine völlig neue Dynamik und eine Mitwirkung nach dem Beispiel von Vereinigungen wie der „Muslimischen Studentenvereinigung in Deutschland (MSVD)" und es ist so gut wie sicher, dass die deutschen Staatsbürger (oder die Einwohner) türkischer Herkunft sehr schnell den Spuren ihrer einstigen Landsleute folgen werden, die in Frankreich oder Belgien bereits dabei sind, sich offen am sozialen, politischen und kulturellen Leben ihrer neuen Länder zu beteiligen.

Tatsächlich wohnen wir einer stummen Revolution in der Einstellung der Muslime bei, der Verwirbelung aller Ursprünge, und in den kommenden Jahren wird sich sehr wahrscheinlich bestätigen, dass ihre Partizipation noch sichtbarer, noch tiefer und von noch größerem Ausmaß geworden ist. Von nun an lässt sich der Islam nicht mehr allein auf die Problematik der Einwanderung beschränken: wie der katholische oder der protestantische Glauben oder das Judentum ist der Islam ein Bestandteil Europas und er ist das Bekenntnis mehrerer Millionen von Bürgern, die de facto und de jure dort zuhause sind.

Heißt das, alle Probleme seien gelöst? Heißt das, dass man das, was von einigen englischen Wissenschaftlern „Islamfeindlichkeit" genannt worden ist, nun hinter sich gelassen hätte? Keinesfalls; und selbst wenn man sagen kann, dass sich die Tatsachen auf diesem Gebiet sehr schnell verändern, ist es doch offensichtlich, dass sich Ansichten nur mit Mühe wandeln lassen, und dass der Islam und die Muslime vielen Probleme bereiten und die religiöse und kulturelle Einheit des alten Kontinents beeinträchtigen (obwohl man kaum sagen kann, was das wirklich heißt). Es braucht Zeit, die alten Reflexe gegenseitiger Abneigung zu überwinden.

Die erste Stufe, die es ermöglicht, die Verwurzelung der Muslime in Europa haltbarer zu machen, bestünde zunächst darin, die Gründe für die überwiegend negative Einschätzung, die man heute in der europäischen Bevölkerung gegenüber dem Islam und den Muslimen hegt, systematisch aufzugliedern. Im zweiten Schritt wird die deutliche Hervorhebung der jüngsten Fortschritte in den Haltungen und im innersten Denken der muslimischen Gemeinden Europas eine viel genauere Vorstellung von den Aussichten auf die Zukunft vermitteln.

Ein getrübtes Bild

Die neuerliche muslimische Präsenz auf dem Alten Kontinent gibt es erst seit kurzem – seit sechzig oder siebzig Jahren. Historisch betrachtet, erscheint sie also erst in einem sehr kurzen Zeitraum. Nun haben die anderen religiösen oder nationalen Minderheiten (je nach Land Juden, Katholiken, Protestanten, Orthodoxe, Polen, Italiener oder Portugiesen) Jahrhunderte an Auseinandersetzungen und Konflikten gebraucht, um in den Aufnahmeländern ihren Platz einzunehmen und ihre Rechte zu erwerben. Wie hätte sich dieses Problem also für die Muslime in nur zwei oder drei Generationen lösen lassen sollen?

Obendrein bestanden die ersten Wellen muslimischer Migranten aus nordafrikanischen, türkischen oder indo-pakistanischen Arbeitern von sehr bescheidener Herkunft, die von den ökonomischen Zwängen angetrieben worden waren: fast eine Generation lang erlaubten ihr Bildungsniveau und die Unsicherheit ihrer rechtlichen Stellung nicht, dass über die Tatsache eines Islam in Europa nachgedacht worden wäre. Es brauchte die zweite und die dritte Generation dafür, dass diese Arbeiter die Wahrnehmung, die sie von ihrer Präsenz hatten, änderten: In Frankreich wie in Großbritannien ist es offenkundig, dass die Neugliederung der Gemeinschaften oftmals die soziale Hierarchie des Herkunftslandes, ja sogar der Region reproduzierte. In Deutschland hatte die Einbürgerungspolitik, wie bereits erwähnt, den Prozess der Integration gebremst, der sich jetzt allerdings deutlich zu entwickeln beginnt.

Der dritte Faktor: der Einfluss internationaler Ereignisse. Man kann gar nicht genug betonen, wie sehr letztere seit der iranischen Revolution von 1979 die negativen Einstellungen und Wahrnehmungen des Islam geprägt haben, die sich in den europäischen Ländern weit ausgebreitet haben. Von den Vorgängen um Salman Rushdie über die Attentate und die Gewalt im Nahen Osten und den alltäglichen Schrecken in Algerien bis zur Tollheit der Taliban förderten diese Ereignisse eine Verzerrung, die zu den Spannungen der ganz Europa umfassenden sozialen Krise und deren Gefolge aus Arbeitslosigkeit, Ausschluss und Gewalt in den Städten noch hinzukommt.

Von daher gesehen ist es schwierig, wenn nicht unmöglich, eine Diskussion über muslimische Präsenz zu führen, zumal diese oft mit dem drängenden Problem der Immigration verwechselt wird. Das verteufelte Bild der Muslime unterbindet eine zuverlässige Auswertung der Dynamik, die ihre Gemeinschaften in Europa durchläuft.

Die jungen Generationen

Trotzdem haben die zweite und die dritte Generation aus zwei scheinbar widersprüchlichen Gründen eine bedeutende Rolle in der Weiterentwicklung der Denkweisen innerhalb der unterschiedlichen muslimischen Gemeinschaften in Europa gespielt. Auf der einen Seite ist der Prozentsatz derer unter den jungen Muslimen, die täglich religiöse Bräuchen befolgen, relativ gering, so dass für viele von ihnen die Integration in die aufnehmende Gesellschaft im Grunde mehr zu einer Assimilation wird. Dies nötigte die Betreiber von Moscheen und die Leiter der muslimischen Vereinigungen aus der ersten Generation, die Formen und die Art und Weise ihrer Aktivitäten zu überdenken. Von Regierungen oder militanten Muslimen, die aus dem politischen Exil hervorgegangen waren, eingesetzt, mussten sie sich der Situation der Jugendlichen anpassen, ihre Sprache sprechen, die religiöse

Schulung umgestalten und die Art und Weise der sozialen und kulturellen Aktivitäten neu bestimmen.

Umgekehrt hatte das Erstarken religiöser Praxis bei einer Minderheit von Jugendlichen die Bildung einer Vielzahl von Vereinigungen zur Folge: innerhalb von fünfzehn Jahren hat sich ihre Zahl verdreifacht. Künftig sind es diese jungen Muslime, die immer aktiver werden, und Muslime um die Dreißig, die in Europa geboren wurden, oftmals Studenten an oder geformt durch die europäischen Universitäten, die das Netz der Vereinigungen intensivieren. Ihr Engagement bewirkt tiefgreifende Veränderungen in den Einstellungen, weil sie sich künftig in Europa zu Hause erachten, und Rechte zu haben, die sie dort auch geltend machen. Von daher gibt es einen Bruch zwischen den Generationen, weil diese Jungen im Gegensatz zu den ersten Migranten offen versuchen, intellektuelles und soziales Terrain zu besetzen.

Ihre Dynamik und ihre europäische Kultur zwangen ihre Vorfahren, ihre Verfahrensweisen und ihre geistige Haltung in Bezug auf den Kontinent völlig zu überdenken. Dadurch wurden im Innern der muslimischen Gemeinschaften wichtige Diskussionen hervorgerufen, und das insbesondere unter den muslimischen Gelehrten (den Ulemas): zu Fragen der islamischen Rechtsprechung (Fiqh) herangezogen, fühlten auch sie sich veranlasst, ihren Standpunkt zu überprüfen bei der Erstellung neuer Rechtsgutachten (Fatwas), die den Realitäten des westlichen Lebensstils angepasst sind.

Erneute Diskussion der Bezugssysteme

In den achtziger und neunziger Jahren wuchs das Wissen um die Notwendigkeit einer Erneuerung des islamischen Denkens im Westen. Die jungen Muslime, nunmehr Europäer, stellen direkte und indirekte Fragen, die nach klaren Antworten verlangen. Muss Europa (nach der Terminologie und den Ansichten der Ulemas des neunzehnten Jahrhunderts) als „dar al-harb" (als Kriegsgebiet) angesehen werden, im Gegensatz zum „dar al-islam" (dem Gebiet, in dem die Muslime mehrheitlich in Sicherheit unter eigener Gesetzgebung leben)? Anders ausgedrückt, ist es möglich, dort zu leben? Wenn ja, worin bestünde der Beitrag der Muslime zur nationalen Gesetzgebung? Kann ein junger Muslim eine europäische Nationalität erwerben und seine Rolle als Staatsbürger vollständig ausfüllen? So viele Fragen, die die muslimischen Gelehrten noch niemals gemeinsam, vollständig und eingehend beantwortet haben.

Vom Beginn der neunziger Jahre an haben sich die Zusammenkünfte zu theologischen und juristischen Themen vervielfacht: Ulemas aus der muslimischen Welt, aber auch mehr und mehr Imame und Intellektuelle aus Europa haben an diesen grundlegenden Diskussionen teilgehabt. Ihre Ergebnisse sind von höchster Bedeutung für die islamische Rechtsprechung. Fünf Prinzipen zeichnen sich ab, die künftig das Ziel einer Art Konsens sowohl zwischen den Gelehrten, wie im Innern der europäischen muslimischen Gemeinschaften bilden:

- Ein Muslim, sei er Einwohner oder Staatsbürger, muss sich mit dem Land, in dem er sich aufhält, wie durch einen moralischen und sozialen Vertrag verbunden fühlen und dessen Gesetze achten;
- Die europäische Gesetzgebung (und, in der Tat, der säkulare Rahmen) erlauben den Muslimen, das Wesentliche ihrer Religion zu praktizieren;
- Die frühere Benennung „dar al-harb", die im Koran nicht enthalten ist und nicht zur prophetischen Tradition gehört, wird für hinfällig erachtet. Es wurden andere Konzeptionen vorgeschlagen, um der Präsenz der Muslime in Europa positiven Ausdruck zu verleihen;
- Die Muslime müssen sich als vollwertige Staatsbürger betrachten und unter Wahrung ihrer eigenen Wertvorstellungen am sozialen, gemeinschaftlichen, ökonomischen und politischen Leben der Länder, in denen sie leben, teilnehmen;
- Innerhalb des Bereichs der europäischen Gesetzgebung hält einen Muslim, wie jeden anderen Staatsbürger nichts davon ab, Entscheidungen zu treffen, die den Erfordernissen seines Glaubens geschuldet sind.

Einem europäischen Islam entgegen?

Viele Muslime wenden sich gegen den Ausdruck „europäischer Islam", weil damit scheinbar ausgedrückt werde, man akzeptiere ein „Zugeständnis" und wolle einen „neuen Islam" fördern. Tatsächlich ist das Risiko groß, in neuen Formulierungen alte assimilatorische Reflexe wiederzugeben, indem man den Muslimen vorschlägt, „weniger muslimisch" zu sein, um europäisch zu werden. Man muss sich daher klar über die benutzten Ausdrücke und die zu untersuchenden Zielsetzungen sein.

Wenn man unter „europäischem Islam" die Tatsache verstünde, dass die Muslime auf wesentliche Elemente ihrer Religion verzichten sollten, dann scheint es klar zu sein, dass das Projekt in der muslimischen Bevölkerung Zurückweisung und tief gehende Verärgerung hervor rufen wird. Heutzutage handelt es sich nicht darum, diesen Gemeinschaften vorzuschlagen, sie sollten sich ihrer Identität berauben, sondern eher den Weg vorzuzeichnen, der den Muslimen erlaubt, wirklich sie selbst zu bleiben und sich in Europa zu Hause zu fühlen. Der europäische Islam sollte also ein gelebter, einer leidenschaftslos ausgeübten Staatsbürgerschaft zutiefst vermählter Islam sein. Ist das möglich?

Die jungen Generationen sind dabei, diese Frage positiv zu beantworten. Während die Erstellung eines theoretischen Bezugsrahmens langsam ihren Fortgang nimmt, ist in diesem Bereich das Erstarken einer Behauptung von Identität offenkundig. Trotz des Druckes wahren die Jungen die Achtung ihrer Identität besser als die nationale Rechtsprechung garantieren könnte. Darum breitet sich das Engagement einer Vielzahl muslimischer Vereinigungen aus: sie bestehen künftig mehr auf staatsbürgerlicher Ausbildung und ihrer Partizipation als Bürger, was als notwendiger Schritt zur Erlangung anerkannter Rechte gilt. Auf lokaler Ebene werden

Tagungen zur Sensibilisierung der öffentlichen Meinung organisiert, oft in Partnerschaft mit besonderen Institutionen. Das Verständnis vertieft sich: die Vorschriften besagen nicht, bei einer Wahl einen „Muslim" zu bevorzugen, sondern den kompetentesten und rechtschaffendsten Kandidaten zu wählen, welcher Konfession er auch angehöre.

Andere Kennzeichen für den Willen, der Isolation zu entkommen: die Förderung der Nationalsprache bei den Zusammenkünften oder den Freitagspredigten. In Großbritannien kämpfen die Jungen in den Vereinigungen gegen Tendenzen der Wirtschaftsgemeinschaft. Wenn sie auch anerkennen, dass das angelsächsische multikulturelle System in hohem Maße erlaubte, die kulturelle Identität der indo-pakistanischen Bevölkerung zu bewahren, so kämpfen ihre Vertreter gegen die von der Ghettoisierung hervor gerufenen Diskriminierungen. In Frankreich, Belgien und Deutschland ist es mehr und mehr die jeweilige europäische Nationalsprache, die als Vektor für die Kommunikation dient, wobei sich die Übertragungswege in dem Maß verbessern, in dem sie sich von den aus Nordafrika oder der Türkei bekannten überkommenen Modellen entfernen.

Europas Islam scheint außerdem Wege zu seiner politischen und finanziellen Unabhängigkeit zu finden. Große Moscheen und Institutionen bleiben den Regierungen verbunden; aber mehr und mehr Vereinigungen entkommen jeglicher Abhängigkeit, während eine große Zahl von Kultorten künftig mit Hilfe von Geldern errichtet werden, die in den Gemeinschaften selbst gesammelt wurden. Die Aktivitäten der Jungen finanzieren sich selbst, werden sogar von Subventionen aus den Verwaltungen gefördert. Diese Unabhängigkeit wird in den nächsten Jahren noch wichtiger werden.

Allmählich schwindet mit einem muslimischen Verbindungsnetz in Europa der „Krieg der Honoratioren" um die offizielle Vertretungsvollmacht in den nationalen Gemeinschaften. Diese Dynamik erlaubt die Hoffnung auf eine wahrhafte Vertretung, hervor gegangen aus der Basis, von ihr erwählt, politisch und finanziell unabhängig. In gleichem Maße wird die pluralistische Wirklichkeit im Innern der Gemeinschaften künftig weniger durch Übergehen gelenkt werden. Zum Beweis, auch wenn die Widerstände erheblich sind, die Zusammensetzung des spanischen islamischen Rates, des Rates der Muslime Großbritanniens und verschiedener regionaler Räte in Frankreich, Deutschland oder Holland.

Das letzte Kennzeichen der tiefgreifenden Wandlung, die sich vollzieht: die neuen kulturellen und künstlerischen Produktionen von Muslimen. Eine Vielzahl von Gruppen sind in Großbritannien, in Spanien oder in Frankreich im Begriff, einer wahrhaften „europäisch-islamischen Kultur" zum Leben zu verhelfen. Wenn auch einige unter ihnen sich damit begnügen, bekannte Genres nachzuahmen (Rap, Variété, Volkstheater), so legen doch andere Zeugnis ab für ihre effektive Fähigkeit der Anpassung. Nach und nach ziehen sie sich aus der arabischen, der türkischen oder der indo-pakistanischen Kultur zurück, und versuchen doch, im künstlerischen Ausdruck die islamischen Werte zu wahren, wobei sie den nationalen Bräuchen und Geschmäckern Rechnung tragen. Bald werden noch originellere Produktionen auftauchen, die Ausdruck einer nunmehr akzeptierten europäischen muslimischen Identität sind. Der Bereich ist riesig und er weckt in den Muslimen einen kritischen, wählerischen, schöpferischen Geist, der sich auf diesem Gebiet auch schon zeigt.

Die Zukunft liegt im Dialog

Um negative Darstellungen, Zurückweisung und Ausgrenzung zu bekämpfen, gibt es keinen anderen Weg als den Dialog. Auf mehreren Ebenen. Zwischen den Vertretern und den Gläubigen unterschiedlicher Religionen auf dem Kontinent: es ist dringlich, die Logik des Wettkampfes aufzugeben, ohne sich über den Feind hinwegzutäuschen. Die Aussage über Transzendenz, Spiritualität, Achtung und Solidarität ist eine von allen religiösen Traditionen getragene Forderung, und die Qualität des Dialoges und des Engagements für die Gemeinschaft muss beispielhaft sein. Die Verärgerungen bleiben, aber in ganz Europa vervielfachen sich die interreligiösen Plattformen und öffnen den Weg zu vielversprechenden Partnerschaften. Im sozialen und politischen Bereich werden zahlreiche Initiativen besonders von den Musliminnen ergriffen, damit öffentliche Vorhaben der sozialen Integration, der beruflichen Eingliederung oder des weitergehenden solidarischen Engagements vorangetrieben werden. Die Dynamik ist neu und es braucht mehr Zeit, die Präsenz der Musliminnen und Muslime normal zu finden. Der Prozeß ist gleichwohl angekurbelt und die Qualität des Zusammenlebens in unseren pluralistischen Gesellschaften hängt zum Großteil von der Bereitschaft jeder Bürgerin und jeden Bürgers ab, an der Basis gegen Verzerrungen und Vorurteile zu kämpfen. Der religiöse und kulturelle Pluralismus fordert von allen und jedem, von Muslimen wie von ihren Mitbürgern kontinuierliches Lernen: wissen, wer man ist; die kennen, mit denen man lebt; zusammen zur Wahrung der unveräußerlichen Werte der Rechtsprechung, der Freiheit und der Gleichheit beitragen. Das ist, was Gott immer von den Gläubigen fordert, das ist es, was die Zukunft den Menschen auferlegt.

Übersetzung: Beate-Ursula Endriss

Westeuropäische Varianten der Säkularisierung
Anmerkungen zu den Beiträgen von Ramadan und Modood[1]
Reinhard Schulze

In den Beiträgen von Tariq Modood und Tariq Ramadan steht die Frage im Vordergrund, ob und wenn ja wie das Verhältnis von Religion und Gesellschaft angesichts der Zuwanderung von muslimischen Gemeinschaften nach Europa neu bestimmt werden müsse. Zwei Probleme zeichnen sich hierbei ab: zum einen stellt sich den intellektuellen Eliten unter den muslimischen Immigranten die Frage, ob die Immigration auch eine auf Europa bezogene neue Kollektividentität der Muslime erforderlich mache, sprich, ob es etwas wie einen „europäischen Islam" geben werde oder solle. Zum anderen stellt sich den nicht-muslimischen Mehrheitsgesellschaften in Europa die Frage, ob angesichts der Einwanderung von Muslimen der bisherige Konsens über die Beziehung zwischen Staat, Gesellschaft und Religion neu überdacht und gegebenenfalls gar diese neu ausgehandelt werden müssen. Dieser in einem langen Prozess ausgehandelte Konsens ist bekanntermaßen in den europäischen Ländern sehr unterschiedlich ausgefallen: er reicht von einem expliziten Laizismus (Frankreich, Genf), über spezielle Konkordatsregelungen (Deutschland) und einem Säkularismus bei gleichzeitiger privilegierter Stellung einer Konfession (Großbritannien) bis hin zur Anerkennung einer halbstaatlichen Machtstellung der christlichen Kirchen (Polen, Irland) reichen kann.

Beide Beiträge akzentuieren diese Problemstellung aus sehr unterschiedlicher Perspektive. Für Tariq Modood ist die soziale und kulturelle Erfahrung der muslimischen Migrantengemeinschaften in Großbritannien ausschlaggebend. Die soziale Situation führe fast zwangsläufig zu einer Neubewertung des britischen Konsens über die Praxis des Säkularismus. In Frankreich, wo der Laizismus die dominante Form der Regelung des Verhältnisses von Staat und religiösen Institutionen darstellt, stellt sich ebenfalls die Frage, ob der Laizismus nicht durch die Präsenz der muslimischen Gemeinschaften neu gefasst werden müsse. Nicht ganz zu unrecht weisen muslimische Kritiker darauf hin, dass sowohl der britische Säkularismus wie der französische Laizismus konzeptionell aus den christlichen Religionen heraus entwickelt worden ist und dass beide auch dazu dienen, Konflikte zwischen christlichen Konfessionsgemeinschaften, die ja bis ins 17. Jahrhundert hinein maßgeblich die politische und soziale Ordnung in Europa erschütterten, zu bewältigen, indem jenseits der Religion eine neue Kollektividentität gestiftet wurde.

Wir haben es also mit zwei gewichtigen Problemen zu tun, und beide berühren die jeweilige Kollektividentität einer Gemeinschaft. Da in Europa fast alle Staaten den kulturellen Raum der Religion mittels eines solchen Konsens definiert haben, sind die muslimischen Migrantengemeinschaften fast zwangsläufig gezwungen, sich mit diesem Konsens zu befassen und ihre eigenen kulturellen Traditionen danach zu befragen, ob und wie sie an der Ausgestaltung dieses Konsens mitwirken können. Nur eine Minderheit unter ihnen verweigert den Dialog über diesen Konsens und zieht eine Abstinenz vor.

Tariq Modood hat deutlich machen können, dass in Großbritannien dieser Mitwirkungsprozess vor allem institutionell bestimmt ist. Aus der Sicht der Soziologie rekonstruiert er die Prozesse, die zu einer Neubestimmung der Rollen wichtiger sozialer und politischer Institutionen führen. In Großbritannien sind es vornehmlich die politischen Institutionen auf kommunaler wie auf nationaler Ebene, die nun zunehmend einer interreligiösen Konkurrenz ausgesetzt sind. Natürlich gibt es innerhalb der muslimischen Migrantengemeinschaften große Differenzen darüber, in welcher kulturellen Rolle sie nun in die politische Konkurrenz eintreten. So könnten muslimische Migranten aus Bangla Desh durchaus auch auf eine nichtreligiöse, zum Beispiel auf eine bengalische Kollektividentität verweisen und fordern, dass die politische Repräsentation auch eine bengalische Identität zu berücksichtigen habe.

Mehrheitlich aber tritt die Religionszugehörigkeit in der Vordergrund, und folglich wird die Frage der politischen Repräsentation von Minderheiten in Großbritannien auch und gerade über die religiöse Kultur aufgeworfen. Tariq Modood hat zeigen können, wie komplex die Ausgestaltung der politischen Partizipation auf religiöser Ebene ist. Nicht zu unterschätzen aber ist die Tendenz, dass in Großbritannien jenseits aller religiösen Kollektividentitäten noch ein weiterer Konsens gepflegt wird, der prinzipiell allen Religionsgemeinschaften, den alten wie den neuen, offensteht, nämlich das Britisch-Sein (britishness). Sicherlich gibt es in Großbritannien auch verschiedene politische Gruppen, die den Migranten das Britisch-Sein absprechen; mehrheitlich aber wird der unpolitische, eben „britische" Lebensstil zum Merkmal für eine prinzipielle Partizipationsfähigkeit. Solange also britische Muslime ganz gleich welcher Herkunft dieses britishness pflegen, ist die Partizipation in den kommunalen wie nationalen Institutionen kulturell geduldet, ja, wie bei der Oberhausreform werden für nichtchristliche Religionsgemeinschaften explizit Sitze reserviert.

Im Unterschied zu vielen anderen europäischen Ländern ist zudem in Großbritannien der Anteil derjenigen muslimischen Einwanderer, die die britische Staatsbürgerschaft haben, aus historischen Gründen höher als in jedem anderen europäischen Land. Es zeigt sich aber auch, dass die muslimischen Gemeinschaften zum einen keineswegs alle das britishness pflegen oder gar fordern. Für manche ist dieser britische Lebensstil keineswegs mit der islamischen Tradition oder mit der ethnischen Herkunftstradition vereinbar. Auch zeigt sich, so Modood, dass trotz aller Partizipationsprogramme es die Tendenz zum Aufbau einer „islamischen Parallelinstitution" gibt, die sich allerdings ganz und gar nach dem Vorbild der politischen Institutionen der Mehrheitsgesellschaft gebildet hat.

Die Entscheidung darüber, welche Option eine Migrantengemeinschaft wählt, das heißt ob sie sich für eine Partizipation im System bei Anerkennung des britishness, für eine unabhängige islamische Parallelinstitution oder gar für eine vollkommene kulturelle Autonomie bei gleichzeitiger politischer Abstinenz ausspricht, hängt, wie Tariq Modood zeigt, nicht zuletzt von der sozialen Stellung und der kulturellen Tradition ab, die die Einwanderer oder deren Eltern beziehungsweise Großeltern im Herkunftsland gepflegt hatten.

Doch unabhängig davon weist Tariq Modood darauf hin, dass es innerhalb des Multikulturalismus eine konkurrierende Orientierung gibt, die zwischen religiöser und ethnischer Identitätskonstruktionen schwanken. Dieser doppelt geführte Multikulturalismus erleichtert nicht gerade die Positionierung der religiösen Kultur in der politischen Öffentlichkeit, in der das „Muslim-Sein" zwischenzeitlich als Minderheitsidentität allgemein anerkannt wurde. Dies ist insofern von großer Bedeutung, als mit dieser Anerkennung auch die Frage aufgeworfen wird, auf welchen Grundlagen die politische Repräsentation definiert werden solle. Es wird immer deutlicher, dass neben den tradierten Kategorien der sozialen Ordnung, die die Definition der Repräsentation bislang bestimmten, nun verstärkt kulturelle Kategorien hinzutreten. Diese sind aber nicht „homogen" in dem Sinne, dass klar wäre, was unter „kultureller Differenz" zu verstehen sei, vielmehr konkurrierten hier, so Modood, ethnische oder rassische Konstruktionen mit religiösen Identitäten. Die Wirksamkeit des britischen Säkularismus, der bislang die Neutralität der Repräsentation in Bezug auf religiöse Identitäten betont hat, kann angesichts lokaler Bedingungen wie etwa in Nordirland oder Schottland in Frage gestellt werden. So mag es durchaus sein, dass mit der Neuaushandlung der Kategorien der politischen Repräsentation in Großbritannien auch der Säkularismus neu gefasst werden wird, wobei die Folgen für die Frage der Repräsentation in Nordirland gewiss bedacht werden müssen.

Während Tariq Modood aus einer akademischen Perspektive die institutionellen und sozialen Rahmenbedingungen für die Aushandlung des Säkularismus in Großbritannien skizziert, geht es Tariq Ramadan um die „islamische Seite". Tariq Ramadan portraitiert den Prozess der Herausbildung einer europäischen Identität der muslimischen Migrantengemeinschaften, die sich unter anderem daran zeige, dass für viele Muslime, sofern sie sich im Integrationsprozess befinden, die politische Identität als Staatsbürger eines europäischen Landes neben die religiöse Identität tritt; und zudem entwickelt sich, vor allem bei den Jugendlichen, noch eine transnationale kulturelle Identität.

Tariq Ramadan spricht aus einem anderen politischen Erfahrungsraum als Tariq Modood: in Frankreich definiert der Laizismus explizit die Position der religiösen Kulturen in der Gesellschaft, markiert ihre Grenzen in der Öffentlichkeit und weist ihnen sehr konkrete Handlungsräume zu. Während der britische Säkularismus die Dichotomie „privat" versus „öffentlich" betont und Religion als „private Identität" begreift, die in der Repräsentation in der „Öffentlichkeit" aufgenommen werden kann, ist der französische Laizismus radikal in dem Sinne, dass er keinerlei religiöse Repräsentation zulässt. Wie in Großbritannien agieren Muslime in Frankreich auch im Rahmen des vom Nationalstaat definierten Konsens über die Stellung der Religion in der Öffentlichkeit. Britische Muslime scheuen sich so nicht, einen „islamischen Säkularismus" zu fordern, also einen Säkularismus, der auch aus einer islamischen Identität gestiftet wurde. In Frankreich fordern einige französische Muslime unabhängig von ihrer ethnischen Herkunft einen „laizistischen Islam": darunter verstehen sie – ganz im Unterschied zu Muslimen in Großbritannien – die Trennung zwischen politischer Repräsentation und religiöser Kultur. Die Citoyenneté, die Eigenschaft eines Bürgers oder einer Bürgerin, Staatsbürger/in zu sein, soll diesem Konzept zufolge ganz außerhalb der religiösen Kultur angesiedelt und gegebenenfalls durch eine „areligiöse" Ethik fundiert werden.

Tariq Ramadan wird diese Auffassung sicherlich nicht teilen können. Für ihn bildet der Islam einerseits eine „Binnenidentität", das heißt eine Kollektividentität innerhalb der muslimischen Gemeinschaften, andererseits aber auch eine „Außenidentität", das heißt eine Identität, mittels derer die Citoyenneté in der französischen Gesellschaft bejaht wird. Beide Aspekte sind für Ramadan gleichbedeutend. Gewiss, die islamische „Außenidentität" verträgt sich keineswegs mit dem Anliegen des französischen Laizismus. Dieser negiert ja geradezu die Vorstellung, die Citoyenneté könne sich aus einer anderen als einer areligiösen politischen Welt definiert werden. Diese kategorische Enthaltsamkeit gegenüber der Religion hat in Frankreich Tradition; doch kann sie, so Ramadan, gerade in Bezug auf die Integration muslimischer Gemeinschaften in die französische Gesellschaft hinderlich, ja sogar kontraproduktiv sein. Daher müssten die Advokaten eines strengen Laizismus sich fragen lassen, ob der tradierte Laizismus noch einen Sinn habe, denn schließlich sei der Laizismus aus einer Reglementierung der Rolle christlicher Institutionen entstanden. Mit dem Islam seien neue Vorschläge für die Aushandlung des Verhältnisses von Staat und Religion ins Land gekommen, die angesichts der inzwischen in der französischen Gesellschaft fest verankerten Präsenz der Muslime zunehmend Bedeutung erlangten.

Tariq Ramadans Hauptanliegen aber richtet sich auf die Binnenidentität der muslimischen Gemeinschaften. Zum einen wirbt er für die Anerkennung der politischen Ordnung in den europäischen Ländern durch die muslimischen Gemeinschaften. Während Tariq Modood – ganz im Sinne der säkularistischen Tradition – die politische Institution in den Mittelpunkt seiner Analyse rückt, trennt Tariq Ramadan zwischen politischer Identität und spiritueller Identität der Muslime. Beide Identitätsbereiche aber müssten, so Ramadan, aus einer islamischen Tradition heraus begriffen werden. Eine politische Identität, die nicht in der islamischen Kollektividentität angesiedelt sei, würde der religiösen Kultur des Islam vollkommen widersprechen. Genau hier aber sind islamische Laizisten anderer Meinung.

Die Muslime sollten, so betont Ramadan immer wieder, ihre Minderheitssituation mit neuen islamischen Konzepten beschreiben, also sich nicht, wie von einigen Muslime gefordert, mit den alten juristischen metaphorischen Kategorien „Haus des Islam" versus „Haus des Krieges" zufriedengeben und hieraus eine abstentistische Haltung gegenüber Staat und Gesellschaft ableiten. Im Gegenteil fordert Ramadan, die soziale, politische und kulturelle Situation der Muslime in den europäischen Ländern mit einer neuen juristischen Kategorie zu fassen, die er an anderer Stelle „Haus der Glaubensbezeugung" genannt hat. Diese Metapher sollte dazu dienen, zum einen die spezifische Identität der Muslime zu bewahren und andererseits ihre Partizipation in den politischen Strukturen der europäischen Länder zu ermöglichen.

Ramadan geht es also mehr als nur um eine Bewahrung der spirituellen Identität der Muslime. Er will auch ihren juristischen Status in den europäischen Ländern neu definieren. Eine europäische Identität der Muslime ergebe sich so über ihre gemeinsame juristische Selbstdefinition. Das Recht erscheint so in gewisser Hinsicht geteilt: auf der einen Seite das öffentliche Recht, das religionsneutral zu fassen sei, und auf der anderen Seite das religiöse Recht, das innerhalb der autonomen muslimischen Gemeinschaften unter Berücksichtigung des geltenden nationalen Rechts auszuarbeiten sei. Wie diese juristische Trennung durchzuführen sei, könnte in der Tat aus islamischen Rechtstraditionen abgeleitet werden: schließlich hatten die nichtislamischen Minderheiten im Osmanischen Reich genau diese doppelte juristische Identität: Untertanen des osmanischen Sultans beziehungsweise später Bürger des Osmanischen Reichs und Mitglied einer religiösen Gemeinschaft (millet).

Sowohl Tariq Modood wie Tariq Ramadan argumentieren hier im Rahmen der politischen Ordnung von Großbritannien beziehungsweise Frankreich. Dies mag man als Verkürzung ansehen, denn die Frage der Integration entscheidet sich ja nicht allein politisch. Die politische Dimension betrachtet ja vorrangig die theoretische Konstruktion einer Minderheitensituation. Gleichrangig aber ist auch die lebensweltliche Integration, die sich, wie Ramadan ja auch andeutet, jenseits der politischen Theorie vollziehen kann. In den Lebenswelten vollziehen sich Integrationsprozesse oft nach ganz anderen Mustern, die nicht mit politischen Theorien aufgefangen werden können. Dies haben islamische Laizisten besonders vermerkt und betonen daher die Trennung zwischen politischer Repräsentation und lebensweltlicher Organisation. Ramadans Vorstellungen können so auch als Versuch bewertet werden, die Kluft zwischen Theorie und Lebenswelt, die gerade unter muslimischen Gemeinschaften in Europa sehr groß ist, zu überwinden, indem er eine soziale und politische Theorie fordert, mit der die Muslime in Europa ihre lebensweltlichen Bedingungen deuten und interpretieren können.

Dies mag der konzeptionelle Rahmen dafür sein, was man einen „europäischen Islam" nennt. Die Kategorie „europäischer Islam" ist heftig umstritten, und in der Tat erscheint es reichlich absurd, von einem „europäischen Muslim" zu sprechen, da eine europäische Kollektividentität unter Muslimen in Europa kaum anzutreffen ist. Wie die beiden Beiträge gezeigt haben, stehen immer die nationalen Rahmenbedingungen im Vordergrund. Der Begriff „europäischer Muslim", der von vielen Islamisten mit der Begründung ablehnt wurde, dass Europa immer „nichtislamisch" bedeute, wird aber zunehmend positiv besetzt. Hier schimmert die Auffassung durch, dass das Europa des 21. Jahrhunderts nicht mehr allein aus einer christlichen oder jüdischen Tradition definiert werden könne. Vielmehr trete jetzt eine islamische Tradition hinzu, die das tradierte kulturelle Konzept „Europa" in Frage stellt. Die beiden Beiträge verschließen sich dieser Diskussion nicht. Sie können als Beitrag zu einer Neubestimmung der kulturellen Identität gewertet werden, auch die sich immer mehr europäische Gesellschaften zu verständigen versuchen. Die muslimische Präsenz in Europa hat so direkte Auswirkungen auf den europäischen Integrationsprozess, und es ist in der Tat faszinierend zu sehen, dass mit dem inhaltlich völlig unscharfen Begriff „europäischer Islam", über dessen Identität die inner-islamische Aushandlung gerade erst begonnen hat, die kulturelle Identität Europas mitgestaltet wird.

Anmerkung

1   Dieser Beitrag ist die überarbeitete Fassung eines Kommentars von Reinhard Schulze zu den Vorträgen von Tariq Ramadan und Tariq Modood auf der Konferenz „Religion und Gesellschaft der Zukunft – Europäische Muslime melden sich zu Wort" (Mai 2000 in Berlin). Es diente der Einleitung einer Diskussion mit und über die Positionen der Referenten.

Anhang
Zum Dialog mit den Muslimen: Eine Debatte in der taz

Wenige Wochen vor den beiden Konferenzen in Berlin und Frankfurt am Main, von denen einige zentrale Beiträge in diesem Band dokumentiert werden, löste Eberhard Seidel mit einem Artikel in der taz eine heftige Kontroverse darüber aus, wie denn der Dialog mit den Muslimen zu führen wäre, beziehungsweise wer in einen solchen Diskurs einbezogen werden sollte und wo gegebenenfalls die Grenzen lägen.

Diese Kontroverse wurde unter anderem am Beispiel der beiden Konferenzen geführt und hatte insbesondere in Frankfurt am Main eine heftige Debatte in der Stadtverordnetenversammlung mit einem Medienecho zur Folge, das die eigentliche Berichterstattung über die Konferenz bei weitem übertraf.

Die Heftigkeit der Debatte macht deutlich, dass es um einiges geht: Soll der Diskurs zwischen Mehrheitsgesellschaft und Muslimen grundsätzlich offen geführt werden oder gibt es Grenzen? Wo liegen sie und wer soll diese Grenzen ziehen?

Gerade auch auf dem Hintergrund der inzwischen in Deutschland stattfindenden breitgefächerten, ernsthaften Debatte zur Einwanderungspolitik halten wir diese Kontroverse um den Modus des interkulturellen und interreligiösen Dialogs für so bedeutsam, dass wir sie im Folgenden mit Beiträgen von Eberhard Seidel, Thomas Hartmann, Ursula Spuler-Stegemann, Micha Brumlik und Ozan Ceyhun dokumentieren.

Wir danken der taz sowie den Autoren und der Autorin für die freundliche Genehmigung des Abdrucks.

Margret Krannich

Der Flirt mit den Islamisten
Eberhard Seidel

Die politischen Eliten suchen den Dialog mit Milli Görüs, doch kritische Journalisten werden von dem islamistischen Verband eingeschüchtert

Tief verneigte sich der Professor vor seinen einstigen Gegnern. Vor drei Jahren noch hatte Udo Steinbach, Leiter des Deutschen Orient-Institut in Hamburg, vor den Gefahren gewarnt, die von islamistischen Gruppen in Deutschland ausgingen. Nun lautet seine Devise: „Es gibt eine neue Offenheit im Dialog. Und der antisemitische Duktus in vielen Publikationen hat sich entschärft."

Es war ein versöhnlicher Auftakt der Tagung der Friedrich-Ebert-Stiftung, „Mitbürger muslimischen Glaubens: Die vernachlässigte Minderheit", die am Donnerstag in Berlin stattfand. Auch Milli Görüs, der einflussreichsten Organisation des politischen Islam in Deutschland, stellte Steinbach ein gutes Zeugnis aus. Vergessen scheint, dass Milli Görüs die deutsche Öffentlichkeit seit Jahren systematisch belügt – über ihre Organisationsstruktur, ihre Ideologie, ihre Finanzierungsquellen, ihre Verbindungen zu Scientology und ihre Abhängigkeit vom türkischen Islamistenführer Necmettin Erbakan.

„Was ist mit dem Steinbach los?", rätselte Hasan Özdogan in der Kaffeepause. Der Vorsitzende des von Milli Görüs dominierten Dachverbands Islamrat für Deutschland erwartete keine Antwort. Er weiß: Nicht mehr Milli Görüs, sondern ihre Kritiker stehen heute im Gegenwind.

Während der Tagung am Donnerstag versuchte der Moderator die Kritik des Kölner Journalisten Ahmet Senyurt an Milli Görüs als nicht nachzuvollziehende private Auseinandersetzung herunterzureden. Senyurts „Privatkrieg": Er deckte die jahrelange Zusammenarbeit zwischen Milli Görüs und Scientology auf, berichtete über die Geldtransfers für die muslimischen Rebellen im Tschetschenienkrieg und widmete sich in jüngster Zeit dem milliardenschweren Finanz- und Unternehmensimperium, das sich die Islamisten in Deutschland und der Türkei aufbauen.

Hasan Özdogan hat Oberwasser. Während der Podiumsdiskussion denunzierte er Senyurt als „schlechten Journalisten", der „falsch berichtet" und Milli Görüs „verleumdet". Ein überflüssiger Angriff. Denn die kritische Öffentlichkeit hat das Interesse an derlei Informationen verloren. Stattdessen flirtet sie mit hochrangigen Milli-Görüs-Funktionären. Allen voran die Grünen-nahe Heinrich-Böll-Stiftung.

Mogelpackung Pluralismus

Seit Anfang des Jahres wirbt die Stiftung mit einer Veranstaltungsreihe für mehr Toleranz gegenüber der muslimischen Minderheit. Dabei setzt Organisator Thomas Hartmann auch verstärkt auf Milli Görüs. Angekündigt sind die Referenten zwar als Vertreter des Islam-Kolleg Berlin, der Islamischen Grundschule Berlin, des Zentrums für islamische Frauenforschung und -förderung Köln oder des Instituts für internationale Pädagogik und Didaktik Köln. Der scheinbare Pluralismus ist eine Mogelpackung. Es sind allesamt Organisationen von Milli Görüs, die zentralistisch aus der Kölner Zentrale dirigiert werden.

Auch Politiker suchen die Nähe zu Milli Görüs. Zum Beispiel die Berliner Ausländerbeauftragte Barbara John (CDU). Als sie im Juli vergangenen Jahres die Broschüre „Moscheen und islamisches Leben in Berlin" vorstellte, kam es zum Eklat. Grund: Die Rolle des politischen Islam in Berlin wurde ausgeblendet. Kein Wunder. Sponsor des Werkes war Müsiad, ein von Islamisten dominierter Unternehmerverband, den Milli Görüs gern vereinnahmen würde. Johns Rechtfertigung: „Wir bewegen uns in einer unheilvollen Diskussion, wenn der Versuch gemacht wird, sie zu Aussätzigen zu erklären."

Die neue Offenheit verwundert. Denn weder die liberale Christdemokratin John noch die Heinrich-Böll-Stiftung oder die evangelische Akademie in Loccum würden den Dialog mit der Deutschen Volksunion (DVU) pflegen. Die DVU und Milli Görüs haben vieles gemeinsam – sie rufen nicht zur Gewalt auf, spalten aber die Gesellschaft mit Ungleichheitsideologien, haben eine undemokratische Führungs- und eine konspirative Organisationsstruktur und undurchsichtige Finanzquellen. Auch einen virulenten Antisemitismus teilen sie. Zwei Unterschiede gibt es allerdings: Milli Görüs ist erfolgreicher. Und der DVU schlägt der entschlossene Widerstand der Zivilgesellschaft entgegen.

Auch der außenpolitische Sprecher der CDU-Bundestagsfraktion, Karl Lamers, findet an Milli Görüs nichts Verwerfliches mehr. 1999 nahm er an der Jahresversammlung im Müngersdorfer Stadion von Köln teil. Lamers kritisiert das Bild, das deutsche Behörden von Milli Görüs haben: „Es ist stark geprägt durch das Bild, das die kemalistischen Kräfte in der Türkei von Milli Görüs haben. Damit kommt man nicht weiter."

Wie soll man Milli Görüs betrachten? Sie wurde auf Veranlassung von Necmettin Erbakan 1976 in Deutschland gegründet. Er bestimmt auch heute noch die Politik der Organisation. In der Türkei will sie die Ordnung durch ein auf Koran und Scharia basierendes System ersetzen. In Deutschland fordert man dies nicht, solange man in der Minderheit ist.

Wer die Spielregeln bestimmt

Umgesetzt wird die Milli-Görüs-Politik in Europa mittels hunderter Moschee-, Frauen-, Jugend- und Studentenvereine. Viele dieser Vereine leugnen ihre Abhängigkeit von Milli

Görüs. Zum Beispiel die Islamische Föderation in Berlin, die kürzlich als Religionsgemeinschaft anerkannt wurde. Sie versicherte zumindest den Behörden glaubhaft, mit Milli Görüs nichts zu tun haben. In einem der taz vorliegenden internenen Organisationspapier von Mlli Görüs heißt es dagegen: Die „Islamischen Föderationen", die es in nahzu allen Bundesländern gibt, gehören Milli Görüs an.

Was hat eine Organisation zu verbergen, die so ausdauernd lügt? Die deutsche Öffentlichkeit hat das Interesse an einer Antwort verloren. Inzwischen bestimmt Milli Görüs die Spielregeln. Ein Beispiel: Am 30. September 1999 veranstalte der von Milli Görüs dominierte Islamrat im Willy-Brandt-Haus, der SPD-Zentrale in Berlin, eine Podiumsdiskussion. Eingeladen waren unter anderem Theo Sommer, Mitherausgeber der Zeit, Edzard Reuter, Peter Scholl-Latour und Michel Friedman vom Zentralrat der Juden. Den beiden Berliner Journalisten Claudia Dantschke und Ali Yildirim wurde der Zutritt zur Veranstaltung von Milli-Görüs-Ordnern verwehrt. Der Grund: Sie hatten Material eines Milli-Görüs-Aussteigers veröffentlicht, das belegt, wie Milli Görüs und ihre Tarnorganisationen die Öffentlichkeit täuschen und mit welchen Tricks Milli Görüs die CDU-Bezirksgruppe in Berlin-Kreuzberg unterwandern wollte. Hasan Özdogan gegenüber der taz: „Bei diesen beiden Journalisten handelt es sich um Unruhestifter, Verleumder, engagierte Gegner des Islam, die einen schmutzigen Journalismus betreiben." Den Journalisten Yildirim bezeichnete Özdogan als „früheren Kommunisten, radikalen, ungläubigen Aleviten mit großem Rachebedürfnis an Muslimen." Kommunist, Gegner des Islam, ungläubiger Alevit - in die Sprache der Islamisten übersetzt heißt dies: Gegen diesen Mann ist der Einsatz aller Mittel erlaubt. Niemand solidarisierte sich mit den beiden Journalisten. Michel Friedman (CDU) lobte die Veranstaltung als „Versuch des dialogischen Prinzips des Respekts".

Woher rührt die plötzliche Liebe zu Milli Görüs? Für Ahmet Senyurt ist die Sache klar: „Milli Görüs hat Einfluss auf das Ghetto. Und wer diesen Einfluss hat, den umwerben die Politiker." Viele Politiker wissen um den Sprengstoff, der in Stadtteilen wie Berlin-Kreuzberg liegt, wo mehr als dreißig Prozent der Immigranten arbeitslos sind. Milli Görüs bietet Hilfe an. „Wir bringen die Jugendlichen weg von den Drogen und der Gewalt", lautet ihr Angebot. „Wenn wir nicht wären, wäre es um vieles unruhiger in Berlin-Kreuzberg oder Köln-Nippes", gibt Mehmet Sabri Erbakan, Deutschland-Chef von Milli Görüs, zu bedenken.

Das muss nicht so bleiben. Hasan Özdogan fügte am Donnerstag drohend hinzu: Wenn die deutsche Öffentlichkeit Milli Görüs in die Ecke drängt, dann gibt es keine Integration.

aus: die tageszeitung (taz) vom 6./7. Mai 2000

Beschwerter Dialog
Thomas Hartmann

Der Diskurs zwischen Muslimen und der Mehrheitsgesellschaft erfordert prinzipielle Offenheit. Aber darf und soll man auch mit politischen Islamisten diskutieren? Wer zieht die Grenze, und wo liegt sie?

Einen „Flirt mit Islamisten" warf Eberhard Seidel in der taz vom 6./7. Mai insbesondere der Friedrich-Ebert-Stiftung und „allen voran" der Heinrich-Böll-Stiftung vor. Als Organisator von deren Dialogveranstaltungen mit Muslimen würde ich „verstärkt auf Milli Görüs setzen". Da ist jedenfalls ein dicker Spritzer Polemik dabei, da er gerade mal vier Referenten von insgesamt 29 Muslimen und noch mal so vielen Nichtmuslimen problematisiert, die zu den insgesamt acht einzelnen Podiumsdiskussionen und drei Konferenzen eingeladen wurden, die ich zwischen November 1999 und Mai 2000 für die Heinrich-Böll-Stiftung und neun lokale Kooperationspartner in Berlin, Frankfurt/M, Hannover und München organisiert habe.

Aber richtig ist, dass die genannten Stiftungen bei solchen Dialog-Veranstaltungen auch (!) Vertreter von Milli Görüs oder möglicherweise nahe stehenden Vereinen oder Instituten als Podiumsteilnehmer eingeladen haben. Deshalb über einen „Flirt mit Islamisten" zu polemisieren, basiert auf freier Phantasie in Bezug auf die Intention. Es ging und geht darum, im öffentlichen Raum einen gesellschaftlichen Diskurs zwischen Muslimen und der Mehrheitsgesellschaft über die Konsequenzen einer multireligiösen Gesellschaft, über staatsrechtliche Reformanforderungen wie über die Regeln im Zusammenleben zu fördern. Wir alle – also Muslime wie Nichtmuslime – müssen erst noch lernen, was der Respekt vor kultureller bzw. religiöser Differenz im Alltag fordert, wo genau die Grenzen liegen, wie eine Kommunikation angesichts unterschiedlicher Referenzsysteme, wundgescheuerter Empfindlichkeiten und gegenseitiger Vorurteile geführt werden kann. Denn das Bewusstsein über die neue Situation tröpfelt erst langsam in unsere Hirne und noch langsamer in unser Verhalten oder gar in notwendige rechtliche Reformüberlegungen.

Kern der Auseinandersetzungen ist die Frage, wo liegen die Grenzen des Dialogs? Ich schlage vor, dies nicht nur von den gesellschaftlichen Grundpositionen her zu bestimmen, die von den Beteiligten vertreten werden, sondern immer in Kombination mit ihrer gesellschaftlichen Relevanz. Erst wenn beides dagegen spricht – etwa bei den Kaplan-Anhängern – hat der Dialog keinen Sinn. Die Einladung zu einer Diskussion – zu einer öffentlichen Auseinandersetzung – ist nicht zu verwechseln mit einem inhaltlichen Gütestempel. Ausgrenzung ist immer auch ein Zeichen der Schwäche, der inhaltlichen oder der gesellschaftlichen. Schließlich muss man das gesellschaftliche Kräfteverhältnis im Auge haben: Solche Dialogveranstaltungen von Institutionen der Mehrheitsgesellschaft sind ja kein Rekrutierungsfeld für Milli Görüs.

Es mag die Angst von Politikern geben, sich nicht mit einem Islamisten – was auch immer das heißen mag – an einen Tisch zu setzen. Aber hier geht es um einen zivilgesellschaftlichen Dialog, der prinzipielle Offenheit verträgt und seiner Intention nach erfordert. Für die Mitarbeiter in unzähligen Behörden, in Schulen, in Sozialverwaltungen findet diese Begegnung im Alltag schließlich auch statt. Ich sehe es nicht als Aufwertung, sich mit den Beteiligten, selbst mit Vertretern kritisierbarer Positionen, auch öffentlich auseinander zu setzen. Irgendwo gibt es auch hier Grenzen, die aber sollten nur aufgrund konkreter Aussagen oder Handlungen der fraglichen Personen gezogen werden, nicht qua weit gespannter und zudem spekulativer organisatorischer Zuordnung.

In der Kritik werden kühne Bogen geschlagen: Milli Görüs sei wie die DVU – beide nicht gesellschaftsfähig, die einen Rechtsradikale, die anderen Islamisten. Und um Milli Görüs herum, so die Kritik, gebe es eine ganze Szene von verkappten Islamisten, von Milli Görüs „zentralistisch dirigierte Vereine und Institute", die ihre organisatorische Verbindung zu Milli Görüs perfiderweise nicht zugeben. Dieses organisationsfixierte Verschwörungsszenario lässt die Dynamik innerhalb der islamischen Szene völlig außer Acht. Schlimmer noch, es kettet die betroffenen Menschen geradezu an die kritisierten Positionen. Gefallen ließe ich mir eine begründete Kritik an der Arbeit der eingeladenen Institute – und selbst dann kann es noch sinnvoll sein, sich damit auch öffentlich auseinander zu setzen.

Solche Veranstaltungen können, das ist ihre Chance und ihr Ziel, bei allen Beteiligten – Muslimen wie Nichtmuslimen – Lernprozesse auslösen und eine Dynamik in der Meinungsbildung stärken. Bezogen auf die muslimischen Organisationen Deutschlands ist dabei wichtig zu wissen, dass diese in den letzten Jahren wichtigen Veränderungen unterworfen sind (was übrigens auch die Brauchbarkeit von Studien einschränkt, die zwei, drei oder noch mehr Jahre alt sind): Die Vertreter aus der ersten Migranten-Generation, die stark auf ihre Herkunftsländer orientiert waren, werden allmählich von jungen Muslimen der zweiten Generation abgelöst, hier geboren, perfekt Deutsch sprechend, moderne junge Leute, aber eben Muslime. Wer wollte, konnte diese Dimension auf der Konferenz in Frankfurt vor einer Woche sinnlich wahrnehmen. Und diese neue Generation dynamisiert die interne Diskussion. Ganz besonders geht diese Dynamisierung von jungen Frauen aus, die – den Muslimen geht es nicht besser als allen anderen – gegen patriarchalische Verhaltensweisen und Meinungen aufmupfen, wenn auch nicht explizit vor den Augen der nichtmuslimischen Öffentlichkeit. Man muss schon selber auf die Nuancen aufpassen. Solche TrägerInnen neuer Ideen werden durch eine Etikettierung der offiziellen Organisationslinie schlicht zurückgeworfen. Hinzu kommt natürlich, dass nicht einmal die Beteiligung an Milli-Görüs-Aktivitäten – und schon gar nicht die Zugehörigkeit zu der sie umgebenden Szene – automatisch eine gesellschaftspolitische Übereinstimmung mit der Organisation bedeutet. Viele nehmen schlicht die sozialen und Freizeitangebote wahr oder haben Kontakt, weil sie eher unter der Ausgrenzung der Mehrheitsgesellschaft leiden.

Die von Eberhard Seidel propagierte Entlarvungsstrategie trifft bei allen Muslimen einen wundgescheuerten Punkt (und löst daher Abwehrreaktionen und Solidarität untereinander aus): nämlich den ständigen Rechtfertigungsdruck gegenüber dem Fundamentalismus-Verdacht. Es gibt völlig private soziale Initiativen wie Kindergärten in Berlin, die möglichst verschweigen, dass sie im muslimischen Milieu und selbstverständlich auch an islamischen Wertvorstellungen orientiert arbeiten, weil das Etikett „islamisch" bei Unterstützungsanträgen in der Behörde sofort alle Alarmglocken läuten lässt und Schwierigkeiten heraufbeschwört. Dass dieser Rechtfertigungsdruck besteht, muss bei jedem gesellschaftlichen Dialog beachtet werden, gerade bei der Frage, wie man Kritik wirkungsvoll ansetzt.

aus: die tageszeitung (taz) vom 29. Mai 2000

Wider die Blauäugigkeit
Ursula Spuler-Stegemann

Der Dialog zwischen Muslimen und der Mehrheitsgesellschaft ist nicht selten von Naivität geprägt. Von außen lassen sich weder Ideologien noch Strukturen islamistischer Organisationen aufbrechen

Kein Mensch mit klarem Verstand wird daran zweifeln, dass der Dialog mit Muslimen unabdingbar ist und einen Beitrag leisten soll und kann, um zu einem förderlichen Miteinander zu kommen. Die Frage ist jedoch, wer als Vertreter „der" Muslime gelten kann, wer nicht, und wie man dem breiten Spektrum des Islam gerecht wird.

Derzeit grassiert im so genannten Dialog auf nichtmuslimischer Seite noch viel Blauäugigkeit, ja sogar gezieltes Wegschauen. Angesagt ist derzeit bei vielen Veranstaltern von Dialogrunden das Gespräch mit islamistisch-politischen Organisationen in deren unterschiedlichsten Verkleidungen. Zum weitgehend von Milli Görüs dominierten Islamrat und zur Islamischen Föderation Berlin (IGMG) selbst kommen Politiker aller Couleur und sogar Kirchenrepräsentanten, aber auch einige Wissenschaftler. Sie alle strömen ein, wenn Milli Görüs ruft.

Wie ist das nur möglich? Wir haben es heutzutage mit universitär gebildeten Führungspersonen der diversen islamischen Organisationen zu tun. Sie haben gelernt, die westlichen Bedürfnisse nach Dialog nicht nur zu akzeptieren, sondern diese zu instrumentalisieren; und sie wissen nur allzu gut, was wir hören wollen. Längst haben sie die Schwächen unseres westlichen Systems analysiert. Gelegentlich tut ein prall gefülltes Geldsäckel auch seine Dienste, wenn damit gleichzeitig Muslime unterstützt werden können. Das lässt gar manchen Widersacher verstummen. Milli Görüs ist jedoch nur eine – wenn auch die potenteste – von vielen vergleichbaren islamischen Gruppierungen, deren Mitglieder bereits den Marsch durch die Instanzen angetreten haben.

Auf Anregung der Ausländerbeauftragten des Berliner Senats sponsert Müsiad-Berlin, eine Außenstelle des mächtigsten türkisch-islamischen Arbeitgeberverbands, die von ihr herausgegebene „wissenschaftliche Publikation" über Moscheen und islamisches Leben in Berlin. Hier werden ganz neue, letztlich unübersehbare Abhängigkeiten geschaffen, eine Strategie, die in der Türkei bereits erfolgreich war. Der „Flirt mit den Islamisten" kann sehr schnell zu einer unheilvollen Umarmung werden. Uns wird jedoch ein Bild von scheinbarer Harmonie und Gemeinsamkeit vorgegaukelt, schlimmer noch: Die frohen Botschaften solcher Dialogrunden erreichen die schweigende Mehrheit der Muslime nicht. Dass die Journalisten Eberhard Seidel und Ahmet Senyurt als „Entlarvungsstrategen" diffamiert werden – um die Wortwahl von Thomas Hartmann in seinem taz-Beitrag vom 29. Mai zu wiederholen –, ist alles andere als hilfreich. Es kann doch nicht sein, dass der Überbringer der Botschaft der Schuldige ist.

Muslime sollen ihre Religion ausüben können und ihre Rechte wahrnehmen; dazu gehören Moscheebau und schulischer Unterricht, der Kinder in ihrem Glauben unterweist und ihre religiöse Identität festigt. Doch warum wird der Dialog fast ausschließlich mit den Funktionären solcher Organisationen geführt, die eine Minderheitenposition unter den Muslimen vertreten? Insbesondere die neue Generation in den islamistischen Organisationen zeichnet sich durch eine beachtliche Eloquenz aus und kann sehr gut mit den Erwartungen ihrer Gesprächspartner umgehen. Oft stellt sie dabei jedoch mit bemerkenswerter Forschheit Forderungen, z. B. wenn es um das betäubungsfreie Schächten oder um die Mehrehe geht. Es ist kein Wunder, dass man nicht nur in der Milli Gazete, dem Sprachorgan der Milli-Görüs-Bewegung, nachlesen kann, in der Kopftuch-Frage sei man in Deutschland schon sehr viel weitergekommen als in der Türkei.

Gibt es nicht Alternativen zu den erprobten Podiumsteilnehmern à la Milli Görüs, Muslime, die ein wirkliches Miteinander wollen und/oder bereits praktizieren? Müssten nicht die Veranstalter die Ochsentour auf sich nehmen und neue gleichwertige Partner suchen? Lehrer, Universitätsprofessoren, Computerfachleute, Unternehmer wären richtige Ansprechpartner, wobei die Vertreter unterschiedlicher islamischer Glaubensrichtungen (Sufis, Aleviten, Ahmadis) einzubeziehen wären. Vielleicht würde man dann bei ihnen auch die wachsende Resignation wahrnehmen, die sich gerade auch wegen der einseitigen Auswahl der Gesprächspartner lähmend breitmacht. Dann könnte man gemeinsam und verantwortungsvoll die vielen praktischen Probleme anpacken, die beide Seiten betreffen.

Die vielerorts vertretene Annahme, dass sich in der kurzen Zeitspanne der letzten zwei, drei Jahre Verbandsstrukturen und Grundsatzpositionen hin zu einer säkularen Staatsauffassung mit uneingeschränkter Befürwortung der Menschenrechte durchgesetzt haben, ist schlicht naiv. Die Vorstellung mancher Politiker und Dialogexperten, man könne die Strukturen und die Ideologie einer Organisation wie der IGMG – noch dazu als Nichtmuslim – von außen her beeinflussen oder gar aufbrechen, ist eine Illusion, die auch auf Selbstüberschätzung beruht.

Wer beurteilen will, ob sich die IGMB verändert hat, muss die Publikationen studieren und sich über die Schriften und Autoren auf dem Laufenden halten. Das setzt allerdings Sprachkenntnisse voraus, und diese sind den meisten Dialogexperten nicht gegeben, was im Übrigen insbesondere die Islamisten monieren. Ob sich in diesem Klima des Halbwissens ein beiderseitiger Wertekanon aufbauen lässt, darf bezweifelt werden.

Zweifellos sind alle am Dialog Beteiligten daran interessiert, dass endlich Bewegung in die erstarrten Fronten kommt. Entscheidend ist aber, welche Richtung sie nimmt. Wie minimal der kleinste gemeinsame Nenner noch ist, zeigt sich konkret am Konflikt um den islamischen Religionsunterricht und die Islamische Förderation Berlin (IGMG). Denn Milli Görüs bekennt sich zwar nach außen hin zu Deutschland, erzieht aber ihre Jugend – auch bei ihren voll und ganz auf das Herkunftsland ausgerichteten Großveranstaltungen – zu islamistischen Türken. So fördert sie eine ethnische Ghettoisierung, die eine Integration in unsere Gesellschaft behindert.

Der Dialog sollte keine Einbahnstraße sein. Er sollte sich nicht lediglich um die Belange der Muslime drehen, sondern gleichermaßen das Gemeinwohl im Auge haben. Ein gedeihliches Zusammenleben gelingt am ehesten durch das Angehen gemeinsamer Ziele und Aktivitäten, sei es in der Kinderbetreuung oder der Vermittlung von Ausbildungs- oder Arbeitsplätzen für Jugendliche. Die besondere Schwierigkeit der Kontaktaufnahme zur überwiegenden Mehrheit der kaum oder gar nicht organisierten Muslime könnte durch solche gemeinsamen Aktivitäten überwunden werden. Dann fiele es sicherlich trotz der immer noch bestehenden Berührungsängste auf beiden Seiten nicht schwer, eine Partnerschaft im Sinne eines eigenständigen Miteinanders aufzubauen, mit Geduld und viel Verständnis für den anderen.

aus: die tageszeitung (taz) vom 8. Juni 2000

Wehrhaftes Missverständnis
Micha Brumlik

Wenn es um islamistische Religionsgemeinschaften geht, übernehmen auch Linke die Optik des Verfassungsschutzes – und verkennen damit die wichtigsten Themen der Einwanderungsgesellschaft

Einer der liberalen Cheftheoretiker des Kalten Krieges, Sir Karl Popper, hätte nicht zu träumen gewagt, dass seine Parole, den Feinden der Freiheit keine Freiheit zu gewähren, noch lange nach dem Sieg des Westens Triumphe feiern würde. Und noch vor zehn Jahren hätte sich niemand ausgemalt, dass gestandene Linke eines Tages genau jene Optik übernehmen würden, an der sie jahrelang litten: die des Verfassungsschutzes. Dabei geht es weder um den brandgefährlichen Neonazismus noch um die in diesem Zusammenhang gar nicht einschlägige Koalition der SPD mit der vom Verfassungsschutz beobachteten PDS in Schwerin, sondern um die drittgrößte Religion in Deutschland – den Islam. Die zwischen Eberhard Seidel, Thomas Hartmann und Irmgard Spuler geführte Debatte um islamistische Gruppen ist gewiss von großer fachlicher Kenntnis getragen und stellt gleichwohl ein einziges Missverständnis dar. Auch wenn die Dossiers des Verfassungsschutzes, eine aufmerksame Lektüre türkischsprachiger Vereinsblättchen und eine Überprüfung der Biografien islamischer Aktivisten politische Einstellungen zu Tage fördern, die dem Grundgesetz widersprechen, verkennt diese Optik eines der wichtigsten Themen der multireligiösen Einwanderungsgesellschaft.

Es war Max Frisch, der der Sozialdemokratie schon vor Jahren bezüglich der „Gastarbeiter" ins Stammbuch schrieb, dass man Arbeitskräfte gerufen habe und Menschen gekommen seien. Inzwischen herrscht zwar Konsens, dass die Arbeitskräfte Menschen sind, aber noch nicht darüber, dass sie religiöse Menschen sind. Dabei ist jene die multikulturelle Szene umtreibende Frage, ob die Immigranten ihren Glauben mitgebracht oder erst als Reaktion auf hiesige Diskriminierung ausgebildet haben, völlig unerheblich. Niemand – außer akademischen Religionssoziologen – interessiert sich schließlich dafür, warum jemand katholisch bleibt oder aus einer lutherischen Landeskirche austritt. Man kann es drehen und wenden, wie man will: Kurzfristig werden in Deutschland mehr als drei Millionen Muslime leben, und in den großen Städten könnten dann bald 40 Prozent der Jugendlichen dieser Religion angehören. Der geheimdienstliche beziehungsweise investigationsjournalistische Blick auf die religiösen Organisationen der Muslime, der dem Muster folgt, das der Verfassungsschutz auf die Friedensbewegung und die Antifa auf die Naziszene legt, sieht nichts, sondern verkennt alles.

Er verkennt erstens, dass Deutschland im Unterschied zu laizistischen Staaten wie Frankreich als staatskirchenrechtlich verfasste Republik Religionsgemeinschaften besondere Rechte einräumt. Bekanntlich garantiert das Grundgesetz allen Religionen im Grundsatz gleichen Zugang zu Steuern und schulischer Unterweisung. Das war bei Mennoniten und Griechisch-Orthodoxen nie ein Problem. Angesichts der Hindernisse, die einzelne Länder islamischen Gruppierungen in den Weg legen, wird deutlich, dass in diesem Fall das Grundgesetz nicht gilt.

Der geheimdienstliche Blick verkennt zweitens, dass Texte das eine und die Lebenswirklichkeit das andere sind. Sogar wenn sich nachweisen ließe, dass der Spitzenfunktionär eines Dachverbandes vor Jahren Beisitzer einer Organisation war, die für einen Gottesstaat eintrat, sagt dies noch gar nichts über das Leben, die Hoffnungen und die Wünsche jener Zehntausende, die ihre Kinder derlei Organisationen anvertrauen oder in ihrem Rahmen beten. Wie reaktionär sind eigentlich Menschen, die noch immer der katholischen Kirche mit ihrem sexualfeindlichen, im Aidszeitalter Kondome verbietenden Papst angehören?

Der geheimdienstliche Blick verkennt drittens – den eigenen liberalen Bekenntnissen zuwider –, dass in einer Demokratie nur zählt, was veröffentlicht wird. Es mag sein, dass viele Funktionäre islamischer Organisationen auf Deutsch das eine sagen und auf Türkisch das andere meinen. Behaftet und kritisiert werden sie für das, was sie hier in der Öffentlichkeit von Schulen, Fortbildungsstätten oder Gotteshäusern tun – und nicht für das, was sie irgendwann bezüglich eines Gottesstaates im Orient im geschlossenen Kreis äußerten. Wer gelegentlich vor Industriellen oder Mittelständlern referiert, kennt vielleicht die nach dem dritten Glas Wein aufkommende Frage, ob „wir" uns die Demokratie noch leisten können und ob nicht China – früher war es Japan – mit seinen autoritären Strukturen besser dran sei. Das spricht gegen Honoratiorenvereine, aber wäre das ein Grund, sie zu verbieten?

Wenn den islamischen Religionsgemeinschaften freilich die Überprüfung ihres Glaubens im wissenschaftlichen Diskurs theologischer Fakultäten und der alles erschütternden jugendlichen Lebenswelt in der Schule erspart bleibt, werden sie genau die fundamentalistischen Haltungen ausbilden, die man ihnen heute vorhält. Erstaunlicherweise erweisen sich AutorInnen wie Eberhard Seidel und Irmgard Spuler als die besten Verbündeten dessen, was sie kritisieren. Zudem legen sie eine eigentümliche politische Naivität an den Tag. Spulers Forderung, bei Gesprächen mit dem Islam auch Gruppen wie die Sufis – die übrigens nicht wenige Muslimbrüder stellten –, die Aleviten oder die Ahmadya zu berücksichtigen, ist ungefähr so sinnvoll, wie wenn sich eine politische Partei bei Gesprächen mit „Christen" nicht mit der katholischen Amtskirche oder der EKD auseinander setzen würde, sondern mit den Zeugen Jehovas, mit Mormonen oder Anthroposophen. Damit ist nichts über die Dignität, wohl aber etwas über die Quantität dieser Konfessionen gesagt.

Es wäre emanzipatorisch und vernünftig, das deutsche Staatskirchenrecht ebenso aufzugeben, wie man fatalerweise den Asylartikel des Grundgesetzes ausgehebelt hat. Für dieses Staatskirchenrecht gibt es, klammert man einmal die Diakonie aus, in einer modernen, liberalen Gesellschaft keine Gründe. Der Hinweis der Kirchen, dass allein dieses Staatskirchenrecht dem Totalitarismus begegnen könne, trifft nicht zu. Schließlich haben die Kirchen dem Nationalsozialismus mindestens teilweise den Weg geebnet und ihm keineswegs geschlossen widerstanden. Zudem sind die meisten Täter und Mitläufer unter dem Staatskirchenrecht zur Schule gegangen, was sie auch nicht zu besseren Menschen gemacht hat. Aber wie dem auch sei: In absehbarer Zeit wird sich eine entsprechende Grundgesetzänderung nicht durchsetzen lassen, und so bleibt – allein aus Gründen des Gleichheitsgebots – nichts anderes, als den vielfältigen muslimischen Religionsgemeinschaften entsprechende Rechte einzuräumen.

Der wissende Blick um Traktätchen und Vernetzungen teilt mit dem geheimdienstlichen Blick im Übrigen ein tief pessimistisches Weltbild – Lernprozesse sind von vornherein ausgeschlossen. Mit dieser Haltung lässt sich vielleicht ein Kalter Krieg, aber keine offene Gesellschaft gewinnen.

aus: die tageszeitung (taz) vom 17./18. Juni 2000

Die Reinheit des Vertrauens
Ozan Ceyhun

Der kritische Dialog mit dem Islam muss die „Scheintoleranz" islamistischer Gruppierungen thematisieren. Denn deren antipluralistische Haltung stellt eine gesellschaftliche Gefahr dar

Die deutsche Gesellschaft hat endlich den langwierigen Prozess begonnen, den Islam als eine in diesem Lande selbstverständlich praktizierte Religion zu akzeptieren. Auf diesem Weg werden Fragen aufgeworfen, deren Antwort die Eckpfeiler für das „neue" Zusammenleben der Religionen darstellen werden. Die wichtigste dieser Fragen lautet: Wer vertritt den Islam in einem interreligiösen Dialog, und welche Maßstäbe müssen für diesen Dialog gesetzt werden?

Als deutscher Europaabgeordneter türkischer Herkunft setze ich mich seit langem für einen Dialog zwischen der deutschen Gesellschaft und einflussreichen Gruppierungen des politischen Islams ein und treffe oft auf Widerstand. Allerdings musste auch ich inzwischen meine Forderung nach einem bedingungslosen Dialog mit Gruppierungen des politischen Islams relativieren. Die heutige Realität zeichnet eine gefährliche Entwicklung ab. Unter dem Vorwand des Dialogs wird die Unwissenheit mancher deutscher Politiker, Verbände oder Kirchen über den politischen Islam ausgenutzt.

Auf diese Art bauen einige sunnitisch geprägte islamistische Gruppierungen aus der Türkei nicht nur ihre Machtposition aus. Sie spielen auch bei der Ausgrenzung anderer islamischer Minderheiten wie der Ahmadiya oder der Aleviten eine entscheidende Rolle. „Muslim" ist nur, wer die Position der Vertreter der sunnitischen islamistischen Vereinigungen trägt.

Es ist in diesem Zusammenhang zumindest als sehr bedenklich zu betrachten, wenn Vertreter der Kirche oder anderer Organisationen bereit sind, zum Beispiel die alevitischen Anhänger des Islams als „Nichtmuslime" zu bezeichnen. Und das nach der Beratung mit sunnitischen Ansprechpartnern. Dabei setzen viele Vertreter der evangelischen Kirche in gutem Glauben so viel Hoffnung in ein gegenseitiges Gespräch mit den großen sunnitischen Organisationen, dass sie bereit sind, auch deren diskriminierenden und teilweise antipluralistischen Ansichten anderen muslimischen Gruppen gegenüber zu übernehmen. Dieser absurden Entwicklung muss Einhalt geboten werden.

Man stelle sich einmal vor: Menschen alevitischen Glaubens, die durch die Aufhetzung politischer Islamisten in ihrer Heimat, der Türkei, keine Chance mehr sahen, friedlich und außer Lebensgefahr zu leben und deshalb ihre Heimat verlassen mussten, werden nun in Deutschland von Kirchenvertretern, wenn auch gut meinenden, als Muslime nicht anerkannt!

Wenn Micha Brumlik in seinem Beitrag in der taz vom 17. Juni 2000 beim Umgang mit dem politischen Islam von einem „wehrhaften Missverständnis" der Skeptiker spricht, wird die Notwendigkeit eines Dialogs deutlich. Die Kritiker nennt er unreflektiert „Investigationsjournalisten" und „Geheimdienstliche". Durch diese Einseitigkeit folgt er der im Koran erwähnten „Al-Ichlás", der Reinheit des Vertrauens. Nur: Wenn die Reinheit des Vertrauens zum politischen Instrument wird, entlässt man sich selbst aus der Verantwortung. Mir stellt sich die Frage, ob uns bei der möglichen Existenz verfassungsfeindlicher Organisationen des politischen Islams Vertrauen weiterbringt oder ob wir damit nicht eine gesellschaftliche Gefahr ignorieren. In diesem Fall bin sogar ich, ein grüner Innenpolitiker, erleichtert, dass die verfassungsschützenden Organe der Bundesrepublik ihre Aufgaben wahrnehmen.

Die Trennung von Staat und Kirche in Deutschland setzt eine Gleichbehandlung aller Religionsgemeinschaften voraus. Gleichzeitig müssen jedoch die demokratischen Grundwerte eines Rechtsstaats geschützt werden. Dies darf weder zu einem Abbruch des Dialogs mit islamischen Gruppierungen führen, noch eine pauschale Kriminalisierung der Muslime in Deutschland beinhalten. Es ist sicher richtig, dass Deutschland noch weit von der Gleichstellung des Islams gegenüber anderen Religionen entfernt ist. Es ist auch richtig, dass ein differenzierter deutschsprachiger Islamunterricht für die sunnitischen und alevitischen Schüler an hiesigen Schulen ein ebenso fester Bestandteil des Zusammenlebens werden muss, wie der Islam als Wertegemeinschaft seine Berechtigung finden sollte. Dennoch: Die Bemühungen, das Leben in Deutschland nach dem „saudischen" oder „afghanischen" Islam zu gestalten, müssen unterbunden werden. Sie bedeuten die Ablehnung eines Zusammenlebens auf den Grundlagen demokratischer Werte in Europa. Das kann nicht das Ziel eines möglichst konfliktfreien und friedlichen „interkulturellen" Zusammenlebens sein.

Die Unterscheidung zwischen legitimerweise „observierten" Islamisten und in Ruhe gelassenen so genannten „reaktionären" Christen, wie sie einige Experten immer wieder heranziehen, ist für mich nicht nachvollziehbar. Es darf nicht zu einer strukturellen Ungleichbehandlung zwischen beiden Gruppen kommen. Jedoch muss ein besonderes Augenmerk darauf gelegt werden, was artikuliert und veröffentlicht wird. Eine Predigt, die einen Angriff auf die Trennung von Staat und Kirche formuliert, ist Ausdruck einer politischen Geisteshaltung. Verteidigt derselbe Prediger an anderer Stelle die Verfassung, dann liegt der Verdacht auf Unglaubwürdigkeit nahe. Nicht nur die auf Deutsch vorliegenden „Sonntagsreden" der Islamisten sind zur Kenntnis zu nehmen. Auch die auf Türkisch gestalteten Internetseiten oder andere Medienangebote müssen unter die Lupe genommen werden. So kann man Unterschiede zwischen externer Sympathiewerbung für die Vermittlung islamistischer „Scheintoleranz" in Deutschland und interner Betreuung eigener Anhänger mit intoleranten Inhalten feststellen. Im Umgang mit dem politischen Islam gibt es also weiterhin nur eine Lösung: den Dialog als Beitrag auf dem Weg zur Entstehung eines europäischen Islams. Der Auseinandersetzung muss aber eine Aufklärung über die verschiedenen Gruppierungen des politischen Islams vorausgehen, um Probleme und eventuelle Missverständnisse aus dem Weg zu räumen. Aus diesem Dialog dürfen Minderheiten wie die Aleviten nicht ausgeschlossen werden.

Der Erfolg eines solchen Dialogs zwischen den Religionen ist zwingend notwendig. „Setzt sich der Trend fort, wird das Mutterland der Reformation am Ende des Jahrhunderts religiös in erster Linie nicht mehr vom Christentum, sondern vom Islam geprägt sein", schreibt die um die eigene Mitgliederzahl besorgte Kirchenzeitschrift idea Spektrum in ihrer Ausgabe 23/2000 und befürchtet Verhältnisse wie „auf dem Balkan oder in Libanon". Aus meiner Sicht sollte man dringend „die Kirche im Dorf lassen", aber trotzdem, in einem Punkt teile ich ihre Sorge: Sollte der kritische Dialog zwischen den Religionen scheitern, dann ist ein friedliches Zusammenleben in Deutschland nicht mehr möglich. Deswegen müssen wir diese Auseinandersetzung hoffnungsvoll annehmen.

aus: die tageszeitung (taz) vom 10. Juli 2000

Zu den Autorinnen und Autoren

HEINER BIELEFELDT

Hochschullehrer, seit 1995 Mitglied des Instituts für Interdisziplinäre Konflikt- und Gewalt-
forschung der Universität Bielefeld und Privatdozent für Philosophie an der Universität
Bremen; Heiner Bielefeldt, geb. 1958, studierte Philosophie, Theologie und Geschichte in
Bonn und Tübingen, arbeitete 1983 bis 1990 im „Forschungsprojekt Menschenrechte" in
Tübingen, danach an den juristischen Fakultäten in Mannheim, Heidelberg und Toronto; die
Philosophie der Aufklärung und politische Ethik bilden seine Arbeitsschwerpunkte.
Er veröffentlichte zahlreiche Bücher und Aufsätze, insbesondere zur Universalität der Men-
schenrechte in interkultureller Perspektive.

SABIHA EL-ZAYAT

Dozentin für Islamische Hermeneutik und Didaktik am ‚Zentrum für islamische Frauenforschung und -förderung' (ZIF) in Köln seit 1999; Sabiha El-Zayat studierte Medizin, Islamwissenschaft und Ethnologie an den Universitäten Köln und Bonn, arbeitete nach ihrem
medizinischen Staatsexamen einige Zeit als Ärztin mit dem Schwerpunkt psychosomatische
Gynäkologie in Köln, widmet sich aber seit '99 vor allem ihrer Forschungs- und Beratungs-
tätigkeit im ZIF.

NAVID KERMANI

Islamwissenschaftler und Publizist, z. Z. „Long Term Fellow" am Wissenschaftskolleg in
Berlin; Navid Kermani, geb. 1967, studierte Islamwissenschaften, Philosophie und Thea-
terwissenschaft in Köln, Kairo und Bonn; Arbeit als Dramaturg an verschiedenen Theatern
in Deutschland; iranischer und deutscher Pass; Er veröffentlichte neben zahreichen Auf-
sätzen, Essays und Artikeln unter anderem die Bücher „Gott ist schön. Das ästhetische Erleben des Koran" (München 1999, Broschur: München 2000), „ Nasr Hamid Abu Zaid. ein
Leben mit dem Islam" (Freiburg 1999), „Iran. Die Revolution der Kinder" (München 2001).
Anfang 2002 erscheint in Zürich „Das Buch der von Neil Young Getöteten".
Navid Kermani wurde 2000 mit dem Ernst-Bloch-Förderpreis ausgezeichnet.

HELMA LUTZ

Privatdozentin für Erziehungswissenschaft an der Universität Münster; Helma Lutz, geb.
1953, studierte zunächst Sozialpädagogik an der Universität Kassel, danach Soziologie und
Politikwissenschaft an der Freien Universität Berlin; nach längeren Forschungsaufenthalten

in der Türkei und in England siedelte sie 1986 in die Niederlande über. Ihre Schwerpunkte liegen in der kulturvergleichenden Sozialisationsforschung sowie in der Migrations- und Genderforschung; Mitherausgeberin u.a. von „Crossfires. Nationalism, Racism and Gender in Europe" (London 1995) und von „The New Migration in Europe. Social Constructions and Social Realities" (London 1998).

Arzu Merali

Freie Journalistin und Forschungsleiterin bei der Islamic Human Rights Commission in London; Die Islamic Human Rights Commission, entstand 1997 als Dachorganisation für eine ganze Reihe von Menschenrechtsprojekten, die in sehr verschiedenen thematischen Feldern mit internationalem Bezug aktiv waren wie beispielsweise kritische Medienbeobachtung, Kampagnen zur Freilassung von aufgrund ihrer Überzeugung inhaftierten Personen oder Kampagnen gegen illegale Adoptionen. Seit 1999 konzentriert sie sich zunehmend auf Untersuchungen zur Diskriminierung von Muslimen in Großbritannien.

Tariq Modood

Professor (Research Chair) für Soziologie und Politikwissenschaften an der Universität Bristol seit 1997, Direktor des 'Center for the Study of Ethnicity and Citizenship' in Bristol sowie Berater der 'Commission on Multi-Ethnic Britain', London, seit 1999; Tariq Modood, geb. in Karachi, Pakistan, kam als Kind (1961) nach Großbritannien, wuchs in London auf und studierte an den Universitäten in Durham und Swansea. Bereits in den 80er Jahren engagierte er sich neben seiner Lehrtätigkeit in Anti-Rassismus-Zusammenhängen, u.a. arbeitete er in der 'Commission for Racial Equality', London. 1993 bis 1997 forschte und lehrte er am 'Policy Studies Institute' in London und leitete dort die Studie „Ethnic Minorities in Britain: Diversity and Disadvantage" (PSI 1997). Tariq Modood veröffentlichte mehrere Bücher zu aktuellen Trends in den Beziehungen zwischen Mehrheitsgesellschaft und kulturellen bzw. religiösen Minderheiten in Großbritannien und betont dabei die Überlagerung von Kultur- und Religionsdiskriminierungen, insbesondere den „kulturellen Rassismus" gegenüber britischen Muslimen asiatischer Herkunft.

Tariq Ramadan

Dozent für Islamische Studien an der Universität Fribourg (Schweiz) und Dozent für Philosophie am Collège von Genf; Tariq Ramadan beteiligt sich seit Jahren an der Debatte über die Situation der Muslime im Westen, vor allem in Europa. Zentrale Themen seiner Bücher und Vorträge sind ein zeitgemäßes Verständnis vom Islam, die Identität europäischer Muslime sowie die Herausforderungen, denen sich Muslime als Minderheiten in Europa gegenübersehen. Er veröffentlichte insbesondere „Les Musulmans dans la laicité: Responsabilités et droits dans les sociétés occidentales" (Lyon 1994 u. 1998), den Artikel „Wandel durch Annäherung – die jungen Muslime Europas befreien sich aus der Isolation" aus Le Monde

Diplomatique vom April 1998 sowie sein neuestes Werk: „To Be a European Muslim"
(Leicester 1999). Auf Deutsch existiert neben zwei Artikeln in Le Monde Diplomatique
(April 1998 und Juni 2000) das Buch „Der Islam und der Westen" (Köln 2000).

BIRGIT ROMMELSPACHER
Professorin an der Alice-Salomon Hochschule Berlin; Privatdozentin an der Technischen
Universität Berlin; Studium der Psychologie, Philosophie, und Sozial- uind Wirtschaftsge-
schichte. Zahlreiche Veröffentlichungen zu Geschlechterforschung, Rechtsextremismus und
Antisemitismus; ihre neueste Publikation „Anerkennung und Ausgrenzung. Deutschland als
multikulturelle Gesellschaft" wird im Frühjahr 2002 erscheinen (Frankfurt 2002).

REINHARD SCHULZE
Professor für Islamwissenschaft und Neuere Orientalische Philologie an der Universität Bern
seit 1995; Studium der Islamwissenschaft, Romanistik und Linguistik sowie Habilitation
(1987) an der Universität Bonn; seit 1987 Professor, zunächst für Orientalische Philologie an
der Universität Bochum, von 1992-1995 für Islamwissenschaft und Arabistik an der Universität Bamberg. Zu den Veröffentlichungen von Reinhard Schulze zählen vor allem „Islamischer Internationalismus im 20. Jahrhundert" (Leiden 1990) sowie die bereits als Standardwerk geltende „Geschichte der islamischen Welt im 20. Jahrhundert" (München 1994) –
von dem es erweiterte Ausgaben auf Italienisch (Mailand 1998) und auf Englisch (Lon-
don/New York 2000) gibt.

MICHA BRUMLIK
Professor für allgemeine Erziehungswissenschaft an der Johann-Wolfgang-Goethe-Univer-
sität und Direktor des Fritz Bauer Instituts (Studien- und Dokumentationszentrum zur Geschichte und Wirkung des Holocaust) in Frankfurt am Main; zahlreiche Veröffentlichungen
zu geistesgeschichtlichen, religionsphilosophischen und tagespolitischen Themen; Mitglied
des Beirats der HGDÖ.

OZAN CEYHUN
in der Türkei geboren, lebte als politischer Flüchtling in Österreich, ehe er 1982 nach
Deutschland kam; Europaabgeordneter, zunächst der Grünen, dann der Sozialdemokratischen Partei; lebt in Rüsselsheim.

EBERHARD SEIDEL
Leiter des Inlandsressorts der Tageszeitung (taz) mit besonderem Interesse für das Verhältnis
von Mehrheit und Minderheiten; Autor mehrerer Bücher zum Rechtsextremismus in
Deutschland und zu Themen der türkischen Migration, u. a. „Unsere Türken – Annähe-
rungen an ein gespaltenes Verhältnis" (Berlin 1995)

THOMAS HARTMANN
Organisator der Veranstaltungsreihe „ Muslime – neue Akteure in Kultur und Politik"; konzipiert und organisiert seit 1990 Kulturprojekte, Vortragsreihen und Konferenzen, u.a. zu Themen des Mittelmeerraums und islamischer Gesellschaften. Mitarbeiter des Modellprojekts „Transfer interkultureller Kompetenz" in Berlin

URSULA SPULER-STEGEMANN
lehrt Türkisch und Religionsgeschichte an der Universität Marburg; ihr Buch „Muslime in Deutschland" gilt als Standardwerk.

MARGRET KRANNICH
Bildungsreferentin bei der Hessischen Gesellschaft für Demokratie und Ökologie (HGDÖ).

Adressen der beteiligten Stiftungen

Hessische Gesellschaft für Demokratie und Ökologie (HGDÖ),
Landesstiftung der Heinrich-Böll-Stiftung e.V.
Niddastr. 64
60329 Frankfurt am Main
Tel.: 069/ 231090
Fax: 069/ 239478
e-mail:info@hgdoe.de
http:/www.hgdoe.de

Bildungswerk Berlin der Heinrich-Böll-Stiftung
Kottbusser Damm 72
10967 Berlin
Tel.: 030/ 6126074
Fax: 030/ 6183011
e-mail: info@bildungswerk-boell.de
http://www.bildungswerk-boell.de

Heinrich-Böll-Stiftung e.V.
Hackesche Höfe – Rosenthaler Str. 40/41
10178 Berlin
Tel.: 030/ 28534-0
Fax: 030/ 28534109
e-mail: info@boell.de
http://www.boell.de

Petra-Kelly-Stiftung e.V.,
Bayerisches Bildungswerk für Demokratie und Ökologie in der Heinrich-Böll Stiftung,
Reichenbachstr. 3a
80469 München
Tel.: 089/ 24226730
Fax: 089/ 24226747
e-mail: info@petra-kelly-stiftung.de
http://www.petra-kelly-stiftung.de

Stiftung Leben und Umwelt, Niedersachsen
Schuhstr. 4
30159 Hannover
Tel.: 0511/ 3018 57-11/-12
Fax: 0511/ 30185714
e-mail: info@slu.de